W0099968

LISELOTTE VOGEL / BEATE RYGIERT

Ich lebe weiter selbstbestimmt!

Für einen mutigen Umgang mit dem eigenen Alter

WILHELM HEYNE VERLAG
MÜNCHEN

MIX
Papier aus verantwor-
tungsvollen Quellen
FSC® C014496

Verlagsgruppe Random House FSC-DEU-0100
Das für dieses Buch verwendete FSC®-zertifizierte Papier
Holmen Book Cream liefert Holmen Paper, Hallstavik, Schweden.

Taschenbucherstausgabe 09/2011

Copyright © 2009 Fackelträger Verlag GmbH, Köln
Der Wilhelm Heyne Verlag, München,
ist ein Verlag der Verlagsgruppe Random House GmbH
www.heyne.de
Printed in Germany 2011
Umschlaggestaltung:
Hauptmann & Kompanie Werbeagentur, Zürich,
nach einem Entwurf von Berndt & Fischer, Berlin
Umschlagfoto: Peter Schinzler
Druck und Bindung: GGP Media GmbH, Pößneck
ISBN: 978-3-453-60169-7

Inhalt

»Es sind Ihre Jahre, es ist Ihr Leben, und keiner weiß besser, was Sie sich wünschen, als Sie selbst.«

Warum ich dieses Buch
zunächst nicht schreiben wollte

Wir werden immer älter. Wir werden immer mehr. Wir kosten immer mehr Geld. Wohin mit uns Alten?

Schon seit längerer Zeit sind wir ein zentrales Thema in der öffentlichen Diskussion. Ob Pflegenotstand oder Rente mit 67, der befürchtete Zusammenbruch des Sozialsystems durch die Überalterung unserer Gesellschaft und die steigenden Kosten im Gesundheitswesen – jeder denkbare Aspekt zum Thema Alter scheint bereits erschöpfend behandelt.

Vor einiger Zeit widmete die ARD uns Senioren unter dem Titel »Leben im Alter« eine ganze Themenwoche und die *Süddeutsche Zeitung* eine Reportagereihe. Mein Mann und ich waren eingeladen, in der Sendung »Menschen bei Maischberger« an einem Gespräch über unterschiedliche Ansichten zur Gestaltung des sogenannten letzten Lebensabschnitts teilzunehmen. Unser Umzug in ein Wohnstift im Jahr 2006 hatte zu meinem Erstaunen ein beträchtliches Medienecho ausgelöst, vermutlich deshalb, weil mein Mann immer noch aktiv am politischen Leben teilnimmt und der gängigen Vorstellung von einem Heimbewohner nicht so recht entspricht. In der Fernsehsendung legten wir also die Gründe für unsere Entscheidung dar.

Die Reaktionen in den folgenden Tagen und Wochen reichten von blankem Entsetzen bis zu großer Zustimmung. Die kam vor allem von jüngeren Menschen, die sich Gedanken über die Zukunft ihrer Eltern machen. Viele erzählten, dass in ihrer Familie das Thema tabu und über Krankheit oder gar den Tod zu sprechen unmöglich sei.

Mir gab das zu denken. Was mag Menschen dazu bringen, bei diesen wichtigen Fragen die Verantwortung für sich selbst aus der Hand zu geben? Ob sich diejenigen, die sich kategorisch weigern, über die letzten Dinge nachzudenken, darüber im Klaren sind, dass sie letztendlich anderen die Entscheidung dafür aufbürden? Wie auch immer man im Alter leben will – und hierfür gibt es zahlreiche Möglichkeiten –, die Entscheidung darüber sollte meiner Ansicht nach wohlüberlegt und rechtzeitig getroffen werden.

Als die Anregung an mich herangetragen wurde, über den Weg, den wir gewählt haben, zu schreiben, lehnte ich zunächst energisch ab. Es ist ja eine sehr persönliche Sache, wie man die letzten Jahre seines Lebens verbringen will und welche Möglichkeiten einem der eigene finanzielle Spielraum dafür lässt. Wer vermögend genug ist, um sich ausreichend Personal leisten zu können, wird zu einem anderen Ergebnis kommen als der Bezieher einer kleinen Rente. Unabhängig davon aber gilt für jeden Einzelnen, dass er oder sie sich darüber klar werden muss, welche Prioritäten gesetzt werden. Ist es mir wichtig, im Krankheits- oder gar Pflegefall versorgt zu sein, oder hoffe ich auf einen schnellen Tod, der mir diese Überlegungen erspart? Kann ich zu Hause bleiben, ohne meine Familie über Gebühr zu belasten, oder finde ich das ganz in Ordnung, weil ich schließlich für meine Kinder früher auch immer da war? Wie viel Alleinsein möchte ich oder kann ich ertragen? Und mit welcher Entscheidung komme ich meinen Wünschen und Vorstellungen am nächsten?

Den Entschluss in ein Wohnstift zu gehen, wie ihn mein Mann und ich gefasst haben, finde ich gänzlich unspektakulär. Warum also darüber schreiben?

Die Gründe, die mich bewogen haben, dennoch über unsere Entscheidung zu berichten, sind rasch genannt. Ich habe herausgefunden, dass sich nicht wenige Menschen eine recht krause Vorstellung von unserem jetzigen Leben machen. Außerdem möchte ich denjenigen Mut machen, die sich bislang scheuten, sich mit dem Thema auseinanderzusetzen. Denn bei diesen Überlegungen, wie man sein Alter verbringen möchte, geht es nicht darum, sich selbst aufzugeben, wie viele befürchten, sondern im Gegenteil um eine von Ängsten und Sorgen freie Zeit. Wer vorher regelt, wie er es gerne haben möchte, der muss nicht befürchten, am Ende »abgeschoben« zu werden oder auf ein »Abstellgleis« zu geraten. Die Auseinandersetzung mit dem Thema als Chance zu verstehen und zu nutzen bedeutet, auch im Alter selbstbestimmt zu leben, so wie wir es ja alle bislang als natürlich betrachtet haben. Es wäre schön, wenn wir der eingangs provokativ gestellten Frage: »Wohin mit uns Alten?« recht selbstbewusst mit einer klaren Antwort begegnen könnten: »Das bestimme ich selbst!« Oder: »So will ich leben.«

Die Entscheidung, unseren Wohnsitz in ein Wohnstift zu verlegen, sehe ich keineswegs als Vorbild, dem andere folgen sollten. Es war eine höchst individuelle Wahl, die zu uns passt. Wenn aber dieses Buch Menschen dazu anregen kann, sich mit dem Thema auseinanderzusetzen, wenn es hilft, den Dialog zwischen Eltern und Kindern in Gang zu bringen, und mit dem Ratgeberteil klare Informationen als Entscheidungshilfe bietet, dann hat es seinen Zweck erfüllt.

KAPITEL 1

Vom natürlichen Umgang mit dem Alter

Wie wir dem Thema Alter gegenübertreten, dafür wird der Samen bereits in der frühen Kindheit gelegt. So wie man alte Menschen in seinen ersten Lebensjahren erlebt, wird man auch später selbst mehr oder weniger selbstverständlich mit dem Altern umgehen.

Bei mir waren es die geliebten Großeltern, die von Anfang an die ältere Generation repräsentierten. Besonders viel Zeit hatten sie nicht für mich, denn der Großvater war ein sehr beschäftigter Arzt. Mit meiner Großmutter, die einem riesigen Haushalt vorstand, traf ich mich einmal in der Woche im Luitpoldpark. Damals fuhr ich mit dem Roller zur Schule und nach dem Nachmittagsunterricht an jenen Tagen direkt zu diesem Treffen. Wir gingen dann ins Bamberger Haus, das damals ein Café war, und meine Großmutter hatte zwei Stunden Zeit für mich. Ich liebte diese Regelmäßigkeit, und besonders liebte ich auch die Urlaube, zu denen meine Großeltern meine Mutter und mich einmal im Jahr für zwei Wochen mit in die Berge nahmen. Dies war eine Zeit, die ich besonders intensiv mit meinem Großvater verbrachte. Auch wenn so ein Kurhaus-Aufenthalt für mich als 13-, 14-Jährige nicht immer rasend spannend war, so glich das mein Großvater als ein ungemein lebendiger Mensch aus. Ich lernte viel von ihm. Er kannte jede Pflanze, und auf den gemeinsamen Spaziergängen erklärte er mir, was da am Wegrand wuchs. Er lehrte mich, genau hinzuschauen, und manchmal fragte er mich später ab, ob ich es mir merken konnte. Ich hatte meinen Spaß daran und bewunderte meinen Großvater. So kam es, dass Alter für mich nie etwas Abgehobenes war. Großeltern waren nun einmal alt.

Mein Großvater hat mich übrigens sehr geprägt. Ich hätte gern Medizin studiert, das hatte ich mir fest vorgenommen, schließlich gab es in der Familie meiner Mutter innerhalb von zwei Generationen 16 Ärzte. Schon von klein auf spielte ich mit meinen Puppen Blinddarmoperation und überraschte meine entsetzte Großmutter im zarten Alter von sieben Jahren mit der Frage, was eigentlich eine Steißlage sei. In einem Gynäkologiebuch meines Großvaters hatte ich anschauliche Bilder davon gesehen. Für mich stand fest, ich wollte Ärztin werden, aber leider hat mir das ausgerechnet mein Großvater ausgeredet. Medizin war ja der einzige Studiengang, der während des Krieges noch möglich war. Doch mein Großvater meinte, Arzt sei ein Beruf, in dem man sich als Frau nicht durchsetzen könne. Darin hat er sich geirrt, ich hätte es durchaus geschafft. Ich bedauere heute noch, dass ich mich davon abbringen ließ.

Dennoch verdanke ich ihm unschätzbare Erfahrungen. Man weiß ja heute, dass junge Menschen, wenn es um Lebenserfahrung geht, gern die Elterngeneration überspringen und eher den Großeltern zuhören. Vielleicht liegt es daran, dass jene nichts mit dem gesamten Erziehungsalltag zu tun haben und sich die Jungen von den Alten nicht ganz so gedrängt fühlen. Das erleben wir oft, wenn mein Mann mit seinen 83 Jahren in Schulen eingeladen wird. Ich dachte zunächst, die werden sich wahrscheinlich langweilen. Weit gefehlt! Selbst wenn mein Mann zwei Stunden lang zu ihnen spricht, hören alle wie gebannt zu.

Das funktioniert allerdings nur, wenn man die Schüler auch wirklich ernst nimmt, wenn man nicht »predigt« oder sie fühlen lässt, dass man ohnehin der Meinung ist, man wisse alles besser. Dann wehren sie sich mit Recht gegen das, was die Alten ihnen erzählen wollen.

Wir Alten müssen uns diesen Respekt verdienen. Es gibt Menschen unserer Generation, die der Meinung sind, allein schon weil sie so alt sind, müssten sie mit besonderer Achtung belohnt werden, egal wie sie sich verhalten. Das ist ein Fehlschluss. Auf der anderen Seite haben wir eine Menge erlebt und Jüngere können davon durchaus profitieren. Allerdings halte ich es für eine Mär, dass Alter automatisch weise macht. Ich beobachte eher, dass die schlechten Eigenschaften, die man hat, im Alter keineswegs abnehmen, im Gegenteil. Ich zum Beispiel war schon immer ein ungeduldiger Mensch – und heute ist das noch schlimmer als früher. Es tut uns gut, uns selbst möglichst mit einer Prise humorvoller Selbstkritik zu beobachten. Ein solches Verhalten fördert außerdem den Dialog und Austausch mit der jüngeren Generation, sodass jeder vom anderen profitieren kann.

Als mein Großvater 1947 starb, zog meine Großmutter zu uns. Hier verbrachte sie ihre letzten zehn Jahre bis zu ihrem

Tod. In jenen Nachkriegsjahren konnte man nur ein Zimmer beheizen, das war das Zimmer der Großmutter. Ich war damals Lehramtsstudentin und saß oft in ihrem Zimmer auf einem Fußschemel, mit dem Rücken zum Kachelofen, und lernte.

Die Zeit im Haushalt meiner Eltern bis zu ihrem Tod war völlig unproblematisch, die Großmutter gehörte einfach mit dazu. Außerdem war sie bis zuletzt eine Dame, die sich niemals in das Leben ihrer Tochter eingemischt hätte. Sie galt immer als herzkrank, wurde aber doch über 90 Jahre alt und blieb die meiste Zeit kerngesund. Erst die letzten drei Monate ihres Lebens war sie krank. Damals war ich schon verheiratet und wohnte nicht mehr zu Hause. Sie konnte sich noch über ihr erstes Urenkelkind freuen, die Geburt meiner ältesten Tochter hat sie noch erlebt.

Das Zusammenleben von Generationen unter einem Dach war mir also bestens vertraut. Dennoch kam es für meinen Mann und mich selbst niemals infrage, zu einem unserer Kinder zu ziehen.

Die Zeiten haben sich geändert. Im Haushalt meiner Eltern gab es außer einer Putzhilfe kein Personal, aber meine Mutter war nicht berufstätig und hatte Zeit, sich um die Großmutter zu kümmern. Heutzutage gibt es das kaum mehr, die Frauen sind selbst beruflich eingebunden und leisten viel mit ihren zahlreichen Pflichten. Kaum jemand verfügt über genügend Wohnraum, um auch noch die Eltern unterzubringen. Ich persönlich wollte meinen Töchtern, zu denen ich ein ausgezeichnetes Verhältnis habe, niemals zumuten, einmal für mich zu sorgen.

Doch das stand ja noch lange nicht zur Debatte. Denn nach dem Tod meiner Großmutter traten zunächst einmal meine Eltern in diese Lebensphase ein.

Mein Vater starb mit 71 Jahren an einer damals noch seltenen Krebserkrankung. Ich war erst 36 Jahre alt. Die letzten acht Monate seines Lebens verbrachte er im Krankenhaus. Ich war dabei, als er starb, und die Umstände seines Sterbens haben mir viel zu denken gegeben. Davon wird später noch die Rede sein.

Meine Mutter lebte nach dem Tod meines Vaters noch einige Jahre in ihrer alten Wohnung. Später ist sie dann in unsere Nähe gezogen, das war schön wegen der Enkelinnen, da hatten auch sie etwas von ihrer Großmutter.

Auch wenn meine Mutter ein alter Mensch war, so hat sie doch nie ihre Neugier und das Interesse an dem Geschehen in der Welt verloren. Ich werde nie vergessen, wie aufgeregt sie vor der ersten Mondlandung war. Damals sagte ich, das muss ich nicht sehen, wenn die auf dem Mond landen. Da hat sie mich geschimpft und ihre Enkel eingeladen mit ihren Freunden und sah mit ihnen nachts um zwei die Mondlandung im Fernsehen an. Sogar ein Essen hat sie gekocht, damit die Kinder auch ja nicht verhungern bei so einem Abenteuer. Meine Töchter sprechen heute noch von diesem Ereignis.

Meine Mutter litt an Osteoporose und hatte im Alter von 65 schon ihren ersten Schenkelhalsbruch. Von da an ging sie an Krücken und brach sich alle zwei, drei Jahre etwas anderes. Dennoch hat sie sich nicht abhalten lassen, mit der Bahn nach Grünwald hinauszufahren, um dort spazieren zu gehen. Ich empfand das als schwierig, weil man nie wusste, wo sie gerade war. Nur mühsam konnte ich sie dazu bewegen, zu Hause einen Zettel zu hinterlassen, wohin sie fährt, für den Fall, dass sie einmal fällt und wir wissen, wo wir sie suchen müssen. Das empfand sie als lästige Einschränkung ihrer Eigenständigkeit, auf die sie bis ins hohe Alter großen Wert legte.

Irgendwann war es nicht mehr sinnvoll, dass sie allein wohnen blieb, und sie entschied sich im Alter von 77 Jahren, ins Augustinum am Hasenbergl in München zu ziehen. Diese Entscheidung traf sie allein. Obwohl wir ein enges Verhältnis hatten und ich sie fast täglich sah, hat sie mir das erst erzählt, nachdem sie sich schon angemeldet hatte. Auch den Umzug hat sie selbst organisiert. Sie hätte es weit von sich gewiesen, zu uns zu ziehen, obwohl wir ein so gutes Verhältnis hatten. Das lag auch nicht an ihrer Erfahrung mit der eigenen Mutter, die ja bei ihr gelebt hatte, was immer harmonisch war.

Meine Mutter war eine extrem selbstständige Frau. Ein Satz von ihr hat sich mir eingeprägt. Sie sagte einmal: »Die Männer sollten ihre Frauen zu Witwen erziehen.« Damit meinte sie die Hilflosigkeit vieler Frauen gegenüber bürokratischen Angelegenheiten, die sie ihr Leben lang den Männern überließen. Es gab ja damals noch Frauen, die nicht einmal einen Überweisungsträger ausfüllen konnten. Für sie stellte das alles kein Problem dar, sie war bereits im Alter von 65 Jahren Witwe geworden und hatte spätestens da gelernt, sich selbst um alles zu kümmern.

Ein sehr originelles Beispiel für ihre umfangreiche Für- und Vorsorge bewahre ich bei meinen Familienerinnerungen auf. Es ist eine frankierte Postkarte mit meinem Absender an die Rentenversicherung meiner Mutter, die ich nach ihrem

Tod in ihren Unterlagen fand. Darauf hatte sie geschrieben: »Hiermit teile ich Ihnen mit, dass Frau Martha B., Rentenversicherungsnummer XY, am ... verstorben ist. Hochachtungsvoll ...« Ich hätte nur mehr ihr Todesdatum einfügen und unterschreiben müssen.

Zunächst hatte meine Mutter im Wohnstift – genau wie wir jetzt – ein Appartement und nutzte lediglich die Möglichkeit, das Mittagessen im Speisesaal einzunehmen. 13 Jahre war sie dort, und nach und nach nahm sie so viel Hilfe in Anspruch, wie sie brauchte. Fast bis zu ihrem Tod bereitete sie sich das Frühstück selbst zu, ebenso das Abendbrot. Meine Mutter hatte Glück. Sie war bis zuletzt kein Pflegefall.

Wir hatten immer eine enge Beziehung. Sie hat sich das Münchener Wohnstift am Hasenbergl ausgesucht, weil ich damals im Olympischen Dorf wohnte. Fast jeden Morgen um 7:15 Uhr ging ich zu ihr zum Schwimmen im hauseigenen Bad, dann haben wir gemeinsam gefrühstückt. Es traf sie hart, als wir nach Berlin zogen. Mir selbst gegenüber hat sie nie etwas erwähnt, aber bei Freunden schon. Dass sie das bedauert. Ich war ja auch ihr einziges Kind.

So richtete ich es ein, dass ich nie länger als drei Wochen weg war, weder von Bonn aus noch von Berlin. Ich fuhr mein Leben lang gern Auto, und die Strecke Berlin–München wurde mir zur Gewohnheit. Und natürlich habe ich meine Mutter, so oft es ging, für mehrere Wochen zu uns nach Berlin geholt, ebenso wie später nach Bonn.

In meinen persönlichen Beziehungen hat es nie eine Rolle gespielt, welches Alter der andere hatte. Alt wie jung gehörten für mich immer zum Leben dazu. Und so hatte ich auch selbst nie Angst davor, alt zu werden.

Das erste Mal wurde mir bewusst, dass ich nicht mehr zur mittleren Generation gehörte, nachdem meine Mutter gestorben war. Ich war bei ihrem Tod dabei, und dieses Erlebnis hat mich tief geprägt. Danach wurde mir klar, dass nun ich diese Rolle einnahm, dass es niemanden mehr »über« mir gab, dass ich, so jung ich mich damals mit meinen 60 Jahren auch noch fühlen mochte, in diese Generation aufgerückt war. Mit aller Verantwortung, mit allen Pflichten. Bis dahin hatte ich mich, wenn auch mit einem Augenzwinkern, immer als Tochter empfunden. Nicht mehr das Kind von jemandem zu sein, das habe ich als einen starken Einschnitt empfunden. Jetzt, so sagte ich mir, sind wir die Älteren. Und mutmaßlich diejenigen, die als Nächste sterben werden. Man hofft ja auch, dass keiner von den Jüngeren früher stirbt.

Ich habe mich allerdings relativ rasch in diese Rolle eingefügt. Es entspricht nicht meiner Art, mich gegen Fakten zu wehren, das ist für mich Zeit- und Kraftverschwendung. Außerdem hat sich damals äußerlich an meinem Leben ja noch nichts geändert.

KAPITEL 2

Der Weg zur Entscheidung

Trotz der Erkenntnis, dass ich nach dem Tod der Mutter in die ältere Generation aufgerückt war, habe ich mir damals noch keine ernsthaften Gedanken darüber gemacht, wie ich selbst einmal meine letzten Jahre verbringen wollte. Viel zu intensiv stand ich noch im Leben. Wir hatten zu der Zeit drei Wohnungen, und ich habe regelmäßig in Deutschland mit dem Auto meine Kreise gedreht: Berlin–München–Niederbayern oder Bonn–München–Niederbayern.

Ich bin noch nie ein Mensch gewesen, der sich um seine Zukunft allzu viele Sorgen macht, ich lebe in der Gegenwart, jeder Tag ist für mich ein neues Geschenk und bringt seine eigenen Herausforderungen. Und damals hatte ich gar keine Zeit zum Nachdenken, wie das einmal sein wird, wenn das alles nicht mehr ist. Das Einzige, was ich nach dem Tod meiner Mutter sagte, war: »Nein, in ein Heim möchte ich einmal nicht.«

Damals unterschied ich, wie viele Menschen, noch nicht zwischen den verschiedenen Wohnformen, die es für Senioren gibt. Ich wusste noch nichts vom Unterschied zwischen Betreutem Wohnen in einem Stift oder in einer anderen Einrichtung und einem Pflegeheim. So kursiert noch heute bei vielen das Schreckgespenst »Heim« oder »Altenheim«, und jeder hat eine andere, meist negative Vorstellung davon, wie es konkret aussieht.

Meine Mutter war ja, so wie wir heute, in ein Wohnstift gezogen. Und meine damalige Ablehnung, dies einmal für mich in Betracht zu ziehen, hatte gar nichts mit den Erfahrungen meiner Mutter zu tun oder mit der Güte des Hauses, nein, es war nichts weiter als eine gefühlsmäßige Äußerung. Was ich aber stattdessen wollte, darüber machte ich mir noch keine Gedanken. Wie so viele Menschen sagte ich: »Es wäre schön, so lange wie möglich zu Hause zu bleiben.« Und ziemlich sicher war ich mir in einem: Ich wollte einmal nicht in einem Krankenhaus sterben.

Das lag daran, dass ich meine beiden Eltern im Krankenhaus habe sterben sehen, damals ging es nicht anders. Meinem Vater hat wenigstens noch eine freundliche Ordensschwester eine Kerze ans Bett gestellt, auch wenn er mit einem anderen Patienten im Keller in einer sogenannten Sterbekammer auf den Tod wartete. Da er mitten in der Nacht starb, hatten meine Mutter und ich noch das Glück, Zeit zu haben, um uns von ihm zu verabschieden, da das Personal das Zimmer nicht gleich wieder herrichten musste. Bei Tage wäre das nicht möglich gewesen.

Bei dem Tod meiner Mutter blieb mir nicht so viel Zeit. Ich half noch der Schwester, sie anzuziehen, dann kam auch schon der Arzt, bestätigte die Todesursache, und es war Zeit für mich zu gehen. Das empfand ich als äußerst belastend. So wollte ich es einmal nicht haben.

Mit den juristischen Folgen unseres Sterbens haben wir uns schon früh auseinandergesetzt. Mein Mann überraschte mich zum Beispiel am Tag nach unserer Hochzeit mit einem Testamentsentwurf. Das war sogar für mich, die ich sehr vernunftgesteuert bin, ein kleiner Schock. Doch er hatte Recht. Für uns beide war es die zweite Heirat, wir hatten beide Kinder aus unseren ersten Ehen, und er betrachtete unsere Verbindung als einen Neubeginn, für den er alles optimal geregelt wissen wollte.

Auch das Thema Patientenverfügung sind wir früh angegangen. Alles ist notariell beglaubigt und hinterlegt für den Fall, dass es gebraucht wird. Doch die Frage, wo wir unsere letzten Jahre verbringen wollten, schien uns noch weit entfernt.

Den Anstoß dazu, es uns konkret zu überlegen, brachte eine Art Anschauungsunterricht in dem Haus, in dem wir fast 14 Jahre lang wohnten. 1994 schied mein Mann aus dem Bundestag aus, und wir zogen von Bonn wieder nach München. Fast ein Jahr lang suchte ich nach meiner Traumwohnung, von der ich ziemlich genaue Vorstellungen hatte: Ein Altbau sollte es sein, zentral gelegen, und zwar so, dass wir quasi in den Pantoffeln in die Oper, ins Konzert oder ins Theater gehen könnten. Außerdem sollte sie ruhig sein und – bezahlbar. Das waren recht hohe Ansprüche, aber ich gab nicht auf und nach einem Jahr hatte ich die Wohnung gefunden.

Sie lag in einer Seitenstraße der Maximilianstraße und entsprach genau unseren Vorstellungen. Nur einen einzigen Haken gab es: Sie befand sich im zweiten Stock ohne Aufzug. Mich haben damals viele Freunde gewarnt, weil ich ja allen sagte, dass ich hier nie mehr ausziehen würde. Alle wiesen mich darauf hin, dass die Treppen eines Tages ein Problem werden könnten, doch ich wischte den Einwand vom Tisch. Noch fühlten wir uns mit unseren 66 und 67 Jahren fit, und die Vorzüge dieser Wohnung stachen so hervor, dass ich nicht daran denken wollte, wie sich das später wohl gestalten würde. Schließlich bin ich in meinem Leben so viel umgezogen, das sollte jetzt ein Ende haben. Bis dahin, dachte ich, wer weiß, vielleicht bin ich dann längst gestorben, ehe das Treppensteigen nicht mehr gehen sollte.

Im Haus lebten vier Parteien, eine davon war die Besitzerin selbst mit ihrer unverheirateten Tochter. Sie pflegte ein sehr nettes Verhältnis mit ihren Mietern. Im Jahr unseres Einzugs feierte die alte Dame ihren 85. Geburtstag. Und in den folgenden Jahren wurde sie zunehmend gebrechlicher. Sie konnte nicht mehr gut sehen, sie konnte nicht mehr gut gehen und war von diffusen Ängsten geplagt.

So kam es, dass ihre einzige Tochter sie unter Aufgabe ihres eigenen Lebens pflegte. Sie musste ihre Mutter waschen und anziehen und wurde durch die Ängstlichkeit der Mutter zur 24-Stunden-Pflegerin. Sie konnte keinen Schritt aus der Wohnung tun, weil ihre Mutter auch nicht eine Sekunde allein blieb. Sie akzeptierte auch keine andere Person, nur die Tochter sollte um sie sein. Allenfalls für eine halbe Stunde ließ sie ihre Tochter zum Einkaufen, und auch für diese kurze Spanne musste jemand kommen und bei der Mutter bleiben. Ging die Tochter einmal in den Keller, stand die alte Frau am Treppenabsatz und rief jämmerlich nach ihr, bis sie wieder kam. Auf diese Weise hat man sie mindestens zweimal am Tag im ganzen Haus gehört. Wir mochten sie ja gern und es störte uns nicht, aber es war doch eine beunruhigende Situation.

Gelegentlich wurde mein Mann geholt, wenn die alte Dame einmal wieder irgendwo hingefallen war, wo sie die Tochter ohne Hilfe nicht wieder aufrichten konnte. Mein Mann hat auf diese Weise eine Art Schnellkursus in Altenpflege absolviert, nie zuvor war er mit solchen Situationen konfrontiert gewesen.

All dies hat uns sehr nachdenklich gemacht. So ging das einige Jahre lang, bis die Frau mit über 90 Jahren in der Wohnung verstarb.

Damals haben unsere Überlegungen und Diskussionen begonnen. Was wird, wenn es einmal einen von uns auf ähnliche Weise treffen sollte? Wir hatten ja täglich vor Augen, was mit den Jahren auf einen zukommen kann. Wenn man als Paar ungefähr im selben Alter ist, kann man auch nicht hoffen, dass der eine den anderen einmal versorgen kann.

Hier im Wohnstift wurde das noch bestätigt: Wenn ein Partner krank wird, dann wird es der andere häufig auch. Vor allem eine richtige Pflege ist schon allein aus physischen Gründen für den Partner nur mehr eingeschränkt möglich.

Mein Mann und ich waren uns darin von Anfang an völlig einig, dass wir keinem unserer Kinder diese Aufgabe zumuten wollten. Niemand weiß, wie sich das eigene Alter entwickelt, so mancher, der sich heute noch rüstig fühlt, kann bald zum Pflegefall werden. Für den betroffenen Familienangehörigen bedeutet das in den meisten Fällen eine völlige Überforderung. So wie meine Mutter, die ihre zu sich nahm, ist das heute einfach nicht mehr möglich. Außer es ist viel Geld da, genügend großer Wohnraum, möglicherweise eine eigene Einliegerwohnung und Pflegepersonal, dann ja, vielleicht. Ansonsten bedeutet das für die junge Familie eine zu große Belastung. Und ich denke, so gut das Verhältnis auch ist zwischen Eltern und Kindern, so wird es unter einer solchen Situation doch leiden. Und das wollten wir nicht. Schon meine Mutter hatte das erkannt und hätte es immer weit von sich gewiesen, zu mir zu ziehen.

Es gibt Familien, bei denen das offenbar funktioniert, und ich habe die größte Bewunderung für diese Frauen, die einen eigenen Haushalt führen, Kinder großziehen, womöglich noch berufstätig sind und dazu noch ein Elternteil pflegen. Was das allerdings für das Leben des Pflegenden bedeutet, das konnten wir im Haus mit unserer Vermieterin genaustens beobachten. Es ist eine ungeheure Leistung, die einem Menschen alles abfordert. Was für Anreize durch die Pflegeversicherung für die Pflege zu Hause geschaffen wurden, das ist ja schön und gut. Doch der Preis ist hoch. Wir jedenfalls wollten das nicht. Also, was war zu tun?

Im Gegensatz zu mir ist mein Mann ein Mensch der raschen Entscheidungen. Er erkennt das Problem, sieht die beste Lösung und zögert nicht, sie zu wählen. »Dann gehen wir eben ins Augustinum, so wie unsere Eltern«, sagte er damals.

Mir selbst ging das ein bisschen zu schnell. »Ich weiß nicht«, sagte ich, »eigentlich möchte ich schon hierbleiben.«

Aber natürlich hat das Ganze in mir gewirkt. Mir war klar, irgendwann muss ich über meinen Schatten springen. Denn ich wollte das, ähnlich wie meine Mutter, selbst bewältigen können und nicht auf Hilfe angewiesen sein. Wir wollten nicht, dass die ganze Familie mit anpacken muss. Wir wollten selbst entscheiden, was mit den vielen Büchern geschehen sollte, wo die Möbel einmal hinkommen. Mir wurde klar, wenn ich zu lange warte, vielleicht so lange, bis ich möglicherweise ein Pflegefall bin, dann muss ich mich darauf verlassen, dass andere alles so gestalten und regeln, wie es mir dann auch recht ist.

Für uns war dieses »Selbstbestimmen« ganz ausschlaggebend. Dies einem anderen aufzubürden, seien es nun fremde Leute oder die eigenen Kinder, betrachte ich persönlich schlichtweg als Zumutung. Außerdem war es wichtig, das Wie und Wann und Wo selbst zu gestalten. Und dann muss man das Ganze eben tun, solange man es faktisch noch nicht wirklich dringend nötig hat – also rechtzeitig, wenn es mir auch vielleicht als zu früh erschien.

So begann ich, mich mit dem Thema zu beschäftigen. Wenn in ein Heim, dann wollte ich wissen, welche Alternativen es da gab. Ich besorgte mir Informationsmaterial von allen möglichen Häusern und sah mir verschiedene an. Noch war alles ganz »ungefährlich«, wir erfreuten uns beide bester Gesundheit, und ich informierte mich ja »rein vorbeugend«.

Es ist natürlich schon ein großer Entschluss, in ein Wohnstift zu gehen. Das darf man auch nicht kleinreden. Schwierig oder groß deshalb, weil es im Normalfall eine endgültige Entscheidung ist. Zwar hatte ich auch beim Einzug in unsere Münchener Altbauwohnung gesagt: »Das ist meine letzte Wohnung, aus der zieh ich nicht mehr aus«, aber das war nicht von derselben Endgültigkeit, mit der ich hierhergekommen bin. Da sag ich mir dann, jetzt hast du dich entschlossen und bist in einem Wohnstift, und da bleibst du jetzt auch. Selbstverständlich gibt es die Möglichkeit, auch wieder aus dem Wohnstift auszuziehen, und das kommt auch tatsächlich vor. In der Sendung »Menschen bei Maischberger« war mit uns eine ältere Dame zu Gast, die diesen Schritt getan hatte. Sie war in einem Pflegeheim in Köln, doch dort hat es ihr nicht gefallen, und so ist sie kurzerhand wieder ausgezogen.

Das ist jedoch sicher nicht der Regelfall, normalerweise zieht man in ein Altenheim, um dort seinen letzten Lebensabschnitt zu verbringen, und das lässt viele Menschen, mich inbegriffen, zögern. Eben deshalb ist es so wichtig, dass man sich diesen Schritt in Ruhe überlegt, sich gut erkundigt und sich die Häuser anschaut, die infrage kommen. All das setzt voraus, dass man noch genügend Zeit dazu hat, dass man körperlich wie geistig noch beweglich ist und unaufgeregt genug, um das Für und Wider zu bewerten.

Bald zeigte sich, dass für uns persönlich das Augustinum am geeignetsten war. Dabei spielte es für uns überhaupt keine Rolle, dass unsere beiden Mütter ihre letzten Jahre in einer solchen Einrichtung verlebt hatten. Sicherlich, unsere Erfahrungen waren durchweg positiv gewesen. Aber wenn wir damals unsere Mütter besuchten, betrachteten wir die Einrichtung ja nicht unter dem Gesichtspunkt, ob wir einmal selbst darin wohnen wollten.

Als wir uns jetzt das Wohnstift unter diesem Blickwinkel ansahen, da gefiel uns besonders, dass wir hier zunächst einmal genauso weiterleben konnten, wie wir es in der eigenen

Wohnung getan hatten. Wir wollten unsere Selbstständigkeit bewahren, unsere Privatsphäre erhalten. Auf der anderen Seite wollte ich nach all den Jahren nicht mehr täglich kochen müssen, und die Möglichkeit, sich an einen gedeckten Tisch zu setzen, verlockte mich schon sehr. Zumal die Küche hier ausgezeichnet ist und man täglich unter verschiedenen Gerichten wählen kann. Wenn man möchte, kann man auch das Frühstück im Speiseraum, der bei uns »Restaurant« heißt, einnehmen, doch das halten wir noch nicht für notwendig.

Ein zweites wichtiges Argument für das Wohnstift war für uns die Möglichkeit, in der eigenen Wohnung gepflegt zu werden, sollte das einmal nötig sein. Auch wenn einer von uns beiden dieser Pflege bedarf und der andere nicht, können wir gemeinsam hier wohnen bleiben. Außerdem ist dem Augustinum eine Herzklinik angeschlossen, und da ich seit vielen Jahren ein Herzleiden habe, schien uns das sehr passend. Natürlich sind auch die kulturellen Angebote hier berühmt, und da wir uns von Münchens Zentrum entfernen würden, lag uns auch dieser Aspekt am Herzen.

Dies waren alles rein vernünftige Gründe. Den letztendlichen Ausschlag allerdings gab eine Hausbesichtigung, während der uns eine Wohnung wie diejenige, die wir jetzt bewohnen, gezeigt wurde. Und ich verliebte mich auf Anhieb in sie. Ja, dachte ich sofort, hier kann ich es mir vorstellen, einmal zu wohnen.

Es gibt im Augustinum die spezielle Regel, dass man bis zum 75. Lebensjahr einen Vorvertrag abgeschlossen haben muss, um überhaupt auf die Warteliste zu gelangen. Da mein Mann sich diesem Alter bereits näherte, mussten wir uns rasch entscheiden, wollten wir uns die Möglichkeit, einmal hierher zu ziehen, nicht verbauen. Doch auch dieser Schritt war für mich noch sehr theoretisch, einen Vorvertrag abzuschließen hieß für mich ja noch lange nicht, auch wirklich einzuziehen. Außerdem sagte man uns, dass die Wartezeit für jene Wohnungen in der Regel zehn bis zwölf Jahre betrüge. Ausgezeichnet, dachte ich. Schließlich hat dieser Umzug noch Zeit.

Dennoch richtete ich in der Folgezeit die Wohnung schon einmal im Geiste ein, weil ich sie so hinreißend fand. Und ich dachte, ja, wenn dieser Schritt einmal wirklich nötig sein wird, dann ist es in Ordnung.

Unsere Überraschung war groß, als uns kaum fünf Jahre später unsere Wunschwohnung angeboten wurde. Das war 2005 im November, zwei Monate vor dem 80. Geburtstag meines Mannes. Irgendwie dachten wir beide, eigentlich passt es nicht recht im Moment. Ich fühlte mich innerlich noch lange nicht bereit, ins Altersheim zu ziehen. Wir hätten ablehnen können, zweimal hat man die Möglichkeit dazu, dann kommt man wieder ganz unten auf die Warteliste. Wir berieten uns ausführlich, und dabei wurde uns klar, dass es vielleicht lange dauern könnte, bis wieder eine solch schöne Wohnung frei werden würde. Unter Umständen zu lange. Warum also nicht einziehen, solange wir uns noch rüstig fühlten? Und so sind wir ins kalte Wasser gesprungen.

Trotz aller Vorbereitung und Anmeldezeit empfand ich es als einen jähen Entschluss, als wir schließlich zusagten. Aber wir entschieden uns dazu, die Sache nicht zu überstürzen und nicht schon vor Weihnachten umzuziehen. So haben wir von

Dezember bis Februar doppelte Miete bezahlt, um den Übergang in aller Ruhe vollziehen zu können.

Im Nachhinein hat es sich als reiner Segen erwiesen, der Zeitpunkt hätte nicht besser gewählt sein können. Ich habe den gesamten Umzug genau geplant und vorbereitet, hatte bereits entschieden, welche Möbel mitkommen sollten und wovon wir uns trennen würden. Das war alles nicht besonders schwierig, durch die vielen Umzüge zuvor hatten wir keine schweren Möbel und kaum überflüssiger Ballast hatte sich angesammelt. Mein Mann hat sehr zeitig angefangen, seine umfangreiche Bibliothek aufzulösen, zu entscheiden, was er behalten würde und wohin die anderen Bücher gehen sollten. Ein Teil ging an die Universitätsbibliothek, ein anderer an die Stadtbibliothek, nur einen Bruchteil der Bücher konnten wir mitnehmen. Unsere Garderobe wurde aussortiert, meine Abendkleider hängen alle in Säcken verpackt im Keller. Die Möbel schnitt ich aus Pappkarton maßstabgerecht aus und richtete die Wohnung auf dem Plan bereits bis ins letzte Detail ein. Ich wusste, welcher Stuhl wo stehen würde, was mitkonnte und was nicht. Ich bin recht begabt in Logistik, das Umziehen hatte ich schließlich ein Leben lang geübt.

Gerade als mein Mann seine Bibliothek aufgelöst hatte und alles organisiert war, gönnte ich mir eine Woche Urlaub am Tegernsee. Mein Mann war bei seinem jährlichen Check-up in der Klinik. Es war dieser wunderschöne Winter 2005/2006, in dem es so herrlich viel Schnee gab. Und da geschah es, dass ich bei einem Spaziergang auf Glatteis ausrutschte und mir Hand und Bein brach.

Nun zeigte sich, wie unpraktisch meine geliebte Altbauwohnung im zweiten Stock ohne Aufzug in Münchens Zentrum war. Da ich nicht nur das Bein, sondern auch eine Hand gebrochen hatte, konnte ich zwar über die Treppen am Handlauf mit der gesunden Hand hinaufgelangen, aber hinunter war es unmöglich. Als man mich aus dem Krankenhaus entlassen wollte, sagte ich, nach Hause kann ich nicht. So kam ich zunächst in die Rehabilitation. Danach galt es, drei Wochen bis zum Umzug zu überbrücken, und die waren äußerst mühsam. Rückwärts tastete ich mich die Treppe hinunter, damit ich mich mit der gesunden Hand am Geländer festhalten konnte.

In dieser Zeit wurde mir bewusst, wie vernünftig unsere Entscheidung war. Meine Töchter waren pausenlos im Einsatz, um auch nur die allernötigsten Dinge zu besorgen. Obwohl ich alles so genau vorgeplant hatte, gerade damit ich die Hilfe meiner Kinder nicht in Anspruch nehmen musste, war ich nun auf sie angewiesen. So konnte ich es am Ende kaum erwarten, die neue Wohnung mit all den Vorteilen, die ein Wohnstift in solchen Fällen bieten kann, zu beziehen.

KAPITEL 3

Angekommen – Die ersten Wochen und Monate

Nach einem Umzug ist man immer froh, wenn einmal das Bett an Ort und Stelle steht und man die erste Nacht gut geschlafen hat. Im Vergleich zu allen anderen Umzügen in meinem Leben war dieser ein Kinderspiel. Der Schreiner hatte bei uns zu Hause die Bücherregale ab- und in der neuen Wohnung bereits aufgebaut – ja, und dann war es geschehen. Natürlich dauert es ein Weilchen, bis auch der letzte Gegenstand und das letzte Buch seinen Platz gefunden hat, da unterscheidet sich der Umzug ins Wohnstift von keinem anderen.

Als wir 1993 zurück nach München zogen, habe ich mir ausgerechnet, dass ich innerhalb von 30 Jahren zwölf Umzüge gemacht hatte. Das war anstrengend, aber auch anregend – es war einfach unser Leben. Das Gute daran ist, dass ich gelernt habe, mich rasch an Neues zu gewöhnen. Damals, als mein Mann im Bundestag aufhörte und wir quasi als Rentner nach München kamen, fiel mir auf, dass mich alle acht bis zehn Tage so eine seltsame Unruhe erfasste. Zunächst wusste ich nicht, woher die kam, bis mir klar wurde, dass ich in den letzten 20 Jahren nie länger als acht bis zehn Tage an einem Ort verbracht hatte. Immer fuhr ich dann von Berlin nach München, um nach meiner Mutter zu sehen oder meiner Arbeit in der Pfennigparade nachzukommen, oder in unser Ferienhaus nach Niederbayern und wieder zurück nach Berlin oder später Bonn. Ich war immerzu »auf Achse« gewesen, und das prägt. Es führt dazu, dass man ständig wach und flexibel bleibt, um sich auf neue Umstände einzustellen. Und so hat das in meiner letzten Wohnung eine ganze Weile gedauert, bis ich mich innerlich umgestellt hatte und mich daran gewöhnte, dass ich jetzt bleibe.

Ich verstehe, wenn es Menschen schwerfällt, ihr Haus zu verlassen, in dem sie 30, 40 Jahre oder länger gelebt haben. Ich habe mich von unserem Ferienhaus in Niederbayern unendlich schwer gelöst. Das ist ein echter Verlust. Die Wunden, die dabei entstehen, verheilen schlecht. Wer sich von seinem eigenen Haus trennen muss, der lässt tatsächlich ein Stück seines eigenen Lebens hinter sich. Auch für den Schmerz, seinen Garten aufzugeben, habe ich inniges Verständnis. Wenn einer an ihm hängt, ist dies der größte Verlust. Eine Wohnung kann man sich immer wieder einrichten, das schafft man schon, dass sie einem wieder Freude macht. Aber ohne Garten, das war auch für mich schwierig. Ich war dankbar, dass ich mich bei unserem Umzug hierher nicht gleichzeitig von der Wohnung in der Münchener Innenstadt und von dem Haus in Niederbayern trennen musste, zumindest nicht sofort. Wir zogen hier ein und behielten das Haus noch einen Sommer lang. Und so konnten wir in aller Ruhe Abschied nehmen und sehen, dass es in gute Hände kommt. Der Gedanke, dass die neue Familie mit den Kindern, die es übernommen hat, dort jetzt eine glückliche Zeit verlebt, tröstet mich über den Verlust hinweg.

Das erste Aufwachen in der neuen Wohnung war ganz mühelos. Wovor ich ein wenig Sorge hatte, war die Bekanntheit meines Mannes und wie man hier damit umgehen würde. Ich fragte mich, wie die Leute wohl reagieren würden, wenn wir zum Essen kämen. Nun sind wir ja nicht flott wie junge Achtziger einmarschiert, zumindest ich ging aufgrund meines Unfalls an der Krücke, also hatte ich das Gefühl, damit in dieser Umgebung irgendwie legitimiert zu sein.

Sicherlich, am Anfang haben wir schon gespürt, dass uns einige mit einer gewissen Reserve begegnet sind, weil sich die politische Einstellung vieler Bewohner nicht unbedingt mit der meines Mannes deckt. Als man aber merkte, dass wir ganz normale Leute sind und auch die Frau keine Starallüren hat, legte sich das rasch. Bald waren wir einfach nur Bewohner, wie alle anderen auch.

Anfangs saßen wir im Restaurant an wechselnden Tischen unterschiedlicher Größe. Eine Weile hatten wir gar einen Zweiertisch im Wintergarten, aber das wollten wir eigentlich gar nicht, wir wollten gern mit anderen zusammen essen. Schließlich kamen wir an einen Tisch mit acht Personen, und bis auf drei, die inzwischen verstorben sind, essen wir heute noch in dieser Konstellation jeden Mittag zusammen. Diese Tischgemeinschaft ist uns lieb und teuer, und nach der Renovierung des Speisesaals haben wir erfolgreich dafür gekämpft, beisammen bleiben zu können.

Es war so: Zunächst gab es reservierte Tische, dann hatte die Hausleitung versucht, das aufzulösen. Ich persönlich halte das für unsinnig, denn es gibt viele Menschen, die keinen Partner mehr haben, und die freuen sich am Mittag nicht nur auf das Essen, sondern auch auf die Gesellschaft, die sie bei Tisch antreffen. Natürlich gibt es auch andere, die wenig kommunikativ sind, ihr Essen am liebsten schweigend einnehmen und in Ruhe gelassen werden möchten.

Unser Tisch ist also nicht »reserviert« und mitunter kommen auch andere zu uns. Jeder ist herzlich willkommen, aber seltsamerweise setzen sich alle nach einer Weile von allein wieder woanders hin. Es geht recht lustig bei uns zu, und mit meinem Mann am Tisch muss auch immer über etwas gesprochen werden, da bleibt es nicht beim Wetter oder bei der Güte des Essens, da werden durchaus aktuelle Themen diskutiert – ganz einfach das, was meinen Mann tagtäglich bewegt. Nur über eines reden wir nicht, das sind Krankheiten. Natürlich haben wir alle unsere gesundheitlichen Probleme, sonst wären wir ja nicht hier. Aber niemand hat Lust, sie auszubreiten und zum allgemeinen Tischgespräch zu machen. Ist allerdings eine unserer Damen längere Zeit krank oder sogar im Krankenhaus, rufen wir selbstverständlich an oder schreiben ein Kärtchen mit Genesungswünschen.

Die ersten Wochen waren wir noch sehr mit uns selbst beschäftigt, bis alles so eingerichtet war, wie wir es wollten. Ich war froh, die Physiotherapie für meine Hand und mein Bein hier im Haus machen zu können, in der alten Wohnung wäre das viel umständlicher gewesen. So kam ich gleich in den Genuss vieler Möglichkeiten, die hier das Leben vereinfachen.

Lange vor unserem Umzug war uns regelmäßig das kulturelle Programm des Hauses zugeschickt worden, also hatten wir das Gefühl, uns schon ein wenig auszukennen.

Viermal jährlich erscheint das Magazin *Forum* für alle 21 Augustinum-Häuser, und monatlich ein Kulturkalender, der alle Termine und Veranstaltungen im eigenen Haus enthält. Da war einiges, was ich mir fest vorgenommen hatte: zum Beispiel die Englisch-Konversation, darauf hatte ich mich schon gefreut. Dann habe ich unter den zahlreichen bewegungstherapeutischen Angeboten verschiedenes ausprobiert und mache inzwischen regelmäßig Yoga, was mir ungeheuer guttut. Ein wenig später habe ich mich dazu überreden lassen, im Chor mitzusingen, obwohl meine Stimme ziemlich heiser klingt. Aber gesungen habe ich immer schon gern, und dann hab ich es einfach ausprobiert. Ich musste mich ein wenig daran gewöhnen, wie lebhaft und manchmal auch chaotisch es in diesem Kreis zugeht, aber inzwischen sehe ich das gelassener und habe großen Spaß an den Treffen. Ich habe die Erfahrung gemacht, die alle machen, die regelmäßig singen: es befreit und macht fröhlich. Das Lustigste an der Sache ist das Ende. Wenn die Stunde vorbei ist, singen wir regelmäßig einen bestimmten Kanon zum Abschluss. Der schwarze Spaniel unserer Leiterin, der während der ganzen Zeit brav unter dem Flügel liegt, kennt offenbar diese Melodie. Schon beim dritten Takt springt er auf und jault in den höchsten Tönen mit, denn er weiß, dass es jetzt bald wieder hinaus geht.

Er ist übrigens nicht das einzige Tier bei uns. Wer vor seinem Einzug ein Haustier besitzt, darf es mitbringen, ob Hund, Katze, Vogel, Hamster und was sonst noch unter die Kategorie der Kleintiere fällt, die man üblicherweise im Haus hält. Der einzige Bereich, der dem Tier verschlossen bleibt, ist das Restaurant. Lässt die Mobilität eines Hundehalters einmal nach, dann kann auch ein Gassi-Geh-Service organisiert werden, je nach Bedarf und Umfang.

Ist man einmal ohne Tier eingezogen, dann sollte man sich kein neues anschaffen. Doch wie immer ist unsere Hausverwaltung sehr offen und im Einzelfall kann man da sicherlich miteinander reden und eine Lösung finden.

Es gibt auch Häuser, in denen als therapeutisches Angebot Haustiere, vor allem Hunde, zu Besuch kommen. Dies wird bei uns leider nicht angeboten, ich habe aber aus anderen Einrichtungen gehört, wie gern das angenommen wird. Es leuchtet auch ein: Man hat nicht die Verantwortung, wie wenn man selbst einen Hund besitzt, aber man hat doch immer wieder Kontakt zu Tieren, welcher gerade dann, wenn es einem nicht so gut geht, außerordentlich guttun kann. Wir hatten früher selbst Hunde, und ich weiß gut, wie einem die Pflicht, regelmäßig rauszugehen, selbst zugutekommt. Man wird gezwungen, sich zu bewegen und bei jedem Wetter an die Luft zu gehen. Außerdem ist man mit einem Tier niemals allein, es bringt einem Liebe und Dankbarkeit entgegen, auch wenn es einem an manchen Tagen so vorkommt, als habe die Welt einen im Stich gelassen. Gerade älteren Menschen, die oft allein sind, wenn sie ihren Partner verloren haben, sind Tiere treue und liebevolle Begleiter.

Doch zurück zu unserem Alltag. Mein Haushalt ist klein geworden. Da ich nicht mehr selbst koche, fällt viel Arbeit weg. So kann ich mir heute einen Luxus erlauben, der mir immer noch ganz ungeheuerlich vorkommt: dass ich mich zum Beispiel am Morgen hinsetzen und einfach ein Buch lesen kann.

Unser Tagesablauf ist völlig unspektakulär und sicherlich derselbe wie bei vielen Menschen. Wir stehen gegen halb acht auf, haben ein sehr langes, gemütliches Frühstück. Dann setzt sich mein Mann an den Schreibtisch. Er hat ja damals seinen Ruhestand so fabelhaft vorausgeplant, dass der gar nicht erst eingetreten ist. Vieles hat er abgegeben, dafür die Aufgaben, die er für sinnvoll hält, behalten. Das ist nicht immer nur eitel Freude, denn das Pflichtbewusstsein ist bei meinem Mann sehr ausgeprägt. Und natürlich reden wir auch heute noch, wie all die Jahre während unserer Ehe, über das, was ihn bewegt. Er ist ein sehr mitteilsamer Mensch und spricht gern über das, was ihm im Kopf herumgeht. Auf diese Weise war ich an seinem politischen Leben immer beteiligt, natürlich auch, weil ich ein politisch interessierter Mensch bin. Auch wenn ich nie einer Partei beigetreten bin. Mein Mann sagt, die Partei, der du beitreten könntest, die müsstest du erst gründen, und wahrscheinlich hat er recht. Es liegt nicht daran, dass ich mich nicht engagieren möchte, ich habe mich mein Leben lang sozial und ehrenamtlich engagiert.

Während er also seiner Arbeit nachgeht, mache ich das, was gerade nötig ist, den Einkauf oder die Wäsche unten bei den Gemeinschaftswaschmaschinen. Montags und donnerstags ist die Bibliothek geöffnet, da bin ich verlässlicher Gast, hole mir neue Bücher und plaudere ein wenig mit den Damen. Dann versuchen wir, regelmäßig zum Schwimmen zu fahren, bis das Schwimmbad im Haus wieder geöffnet wird, das für die Zeit des Umbaus geschlossen ist.

Bei schönem Wetter machen wir morgens einen großen Spaziergang. Das genieße ich sehr, denn so etwas war aufgrund des überfüllten Terminkalenders meines Mannes früher nie möglich. Am liebsten fahren wir zum Englischen Garten oder, wenn weniger Zeit ist, geht es zum Westpark oder zum Waldfriedhof. Dann gibt es Mittagessen. Da ich nachts oft schlecht schlafe, mache ich danach einen kurzen Mittagsschlaf. Anschließend lese ich häufig, gehe in die Stadt oder habe sonst etwas vor.

Abends essen wir eine Kleinigkeit zu Hause. Und danach spielen wir etwas: Scrabble oder die Rätsel aus dem SZ-Magazin, Triomino, Kalaha oder eine Patience. Natürlich sind für meinen Mann die Nachrichten um sieben obligatorisch. Und manchmal gönnen wir uns auf Bayern Alpha die Nachrichten von vor 25 Jahren.

Eigentlich hat sich nicht viel bei uns geändert im Vergleich zu früher, außer, dass wir mehr Zeit füreinander haben. Überhaupt kann ich mir für alles viel mehr Zeit lassen, da meine vielfältigen Aufgaben weggefallen sind, wie unser Haus in Niederbayern und die verschiedenen Haushalte, die ich jahrelang führte. Ich bin keinen Zwängen mehr ausgesetzt. Und diesen Luxus, Zeit zu haben, den genieße ich sehr. Ich gehe einmal die Woche ins Gedächtnistraining, vorläufig nur zum Spaß und weil einem das auch guttut, wenn man es noch nicht so dringend braucht, und zum Yoga. All das ist sehr bequem, weil ich ja das Haus dazu nicht verlassen muss. Das ist wirklich schön.

Das alltägliche Leben wird einem hier grundsätzlich extrem vereinfacht. Wir haben zwei Arztpraxen im Haus. Noch gehe ich zu meinem Arzt in der Stadt, weil ich den seit langer Zeit gewohnt bin. Aber wenn ich es einmal nicht mehr kann, dann bin ich hier ärztlich versorgt. Regelmäßig kommt eine Hörgerätefirma ins Haus, außerdem alle vier Wochen ein orthopädischer Schuster. Es gibt auch eine Schneiderin. Modefirmen stellen ihre Seniorenkollektionen bei uns vor. Für alle, die nicht mehr so beweglich sind, ist das enorm hilfreich.

Ich allerdings hüte mich davor, solche Angebote aus reiner Bequemlichkeit in Anspruch zu nehmen. Wir fahren noch immer zur Fußpflege in die Stadt, auch wenn wir hier jemanden in die Wohnung kommen lassen könnten. Obwohl es hier im Haus einen Laden gibt, in dem man alles kaufen kann, gehe ich rüber ins Einkaufszentrum, um die Lebensmittel zu holen, die wir für das Frühstück und das Abendbrot brauchen, und zwar bei jedem Wetter. Ich habe es der Ladeninhaberin erklärt, damit sie das nicht falsch versteht, aber ich halte es für wichtig, so lange wie möglich ein Leben zu führen, wie ich es immer getan habe. Schon allein aus dem Grund, weil man sich doch viel zu wenig bewegt. Und mir tut das gar nicht gut. Wenn ich zu wenig Bewegung habe, fühle ich mich nicht wohl. Und so muss ich mich überwinden, auch bei schlechtem Wetter. Ich war immer viel draußen, und solange ich gut zu Fuß bin, behalte ich das bei.

Wenn es einmal nicht mehr so ist, dann bieten die zahlreichen Einrichtungen im Haus die Möglichkeit, so lange wie möglich selbstständig zu bleiben. Und das finde ich wunderbar. Selbst im Rollstuhl könnte ich noch meine Wäsche selbst erledigen, selbst einkaufen und in die Bibliothek fahren. Eigentlich kann man in einem Wohnstift auch bei eingeschränkter Mobilität sein Leben fast genauso weiterführen wie vorher. In unserer alten Wohnung wäre das unmöglich. Das ist hier mit Sicherheit ein enormer Vorteil. Noch aber versuche ich, diszipliniert darauf zu achten, dass ich mich nicht schon zu früh durch diese Angebote verwöhne.

Manchmal, in der Spargel- oder Schwammerlsaison zum Beispiel, da koche ich auch noch gelegentlich selbst. Denn ich bin eine leidenschaftliche Gemüse- und Obstesserin und da komme ich eigentlich nie gänzlich auf meine Kosten. Das war schon früher so. Wenn ich einmal Geld ausgegeben habe, dann war das nicht in der Maximilianstraße für schöne Kleider, sondern auf dem Viktualienmarkt. Aber das wurde am Ende unserer Zeit in der Stadt aufgrund meines Herzens bereits mühselig, bis ich die Taschen dann die Treppen hochgetragen hatte. Oft bat ich meinen Mann, aber wenn er nicht zu Hause war, dann hab ich sie eben am Ende doch selbst geschleppt. Dies hat jetzt dank des Lifts ein Ende, und wenn ich heute Obst oder Gemüse kaufe, dann ist es ja zusätzlich zur Restaurant-Küche und diese Mengen fallen im wahrsten Wortsinn nicht mehr ins Gewicht.

Ich genieße es natürlich auch, hin und wieder einmal in die Stadt zu fahren. Man müsste es gar nicht, wir sind hier rundum versorgt mit allen materiellen und kulturellen Angeboten, die man sich denken kann.

Ich glaube, viele Menschen in meinem Alter machen den Fehler, dass sie sich nicht mehr um ihre Freundschaften und Beziehungen kümmern. Es kann verführerisch sein, in einem Wohnstift wie unserem seine gesamte Zeit zu verbringen. Aber ich bin sehr sensibel gegenüber solch schleichenden Veränderungen in Richtung einer Bequemlichkeit, die unmerklich zu mangelnder Flexibilität im Denken und Handeln führt. Sicherlich hängt das auch damit zusammen, dass ich mich ein Leben lang für andere engagiert habe, ich habe mein Leben quasi ehrenamtlich verbracht und soziale Kontakte waren mir immer wichtig. So kümmere ich mich auch heute noch um Freundinnen, denen es zum Teil schlechter geht als mir, besuche sie regelmäßig und sorge so auch dafür, dass ich selbst nicht zu bequem werde.

Für Menschen, die allein nicht mehr reisen könnten, bietet unsere Einrichtung sogar Ausflüge und Reisen an. Da sind auch Pfleger und ein Arzt mit von der Partie, und das schafft für viele Menschen die Möglichkeit, aus den eigenen vier Wänden herauszukommen. Mein Mann und ich haben dieses Angebot noch nicht in Anspruch genommen, wir sind auch so noch viel unterwegs. Von einigen Damen aus unserer Mittagsrunde aber weiß ich, dass diese Reisen sehr beliebt sind.

Es wird viel gefeiert im Haus. Zum Beispiel gibt es ein großes Sommerfest, zu dem auch alle Vorvertragspartner eingeladen werden, also jene, die sich bereits angemeldet haben, aber noch nicht hier wohnen. Bei einer solchen Gelegenheit kamen im vorigen Jahr einige auf uns zu und erzählten uns, sie hätten sich angemeldet, nachdem sie von unserem Einzug gelesen oder uns im Fernsehen gesehen hatten. Es gab verschiedene Pressebeiträge damals, zum Beispiel auch ein *Zeit*-Interview mit meinem Mann. Ich kam damals eher zufällig dazu, weil an jenem Morgen mein Gedächtnistraining auf dem Programm stand. Es wäre mir nicht im Traum eingefallen, etwas für ein Zeitungsinterview ausfallen zu lassen.

Irgendwie habe ich es mein Leben lang geschafft, an der Seite eines berühmten Politikers ein privates und von den Medien ungestörtes Leben zu führen. Mein Rezept war so einfach wie effektvoll: Warteten Journalisten auf mich und stellten mir Fragen, dann war ich extrem einsilbig. Möglicherweise wirkte ich auch ein bisschen dumm auf sie, und sie ließen mich meistens in Ruhe. Zu der Zeit, als mein Mann Regierender Bürgermeister in Berlin war, konnte ich mich in der Stadt bewegen, ohne dass mich auch nur ein Mensch erkannt hätte. Das war mir immer wichtig, denn ich tauge nicht besonders zu einer öffentlichen Person. Mein Unabhängigkeitssinn war von jeher stark ausgeprägt, davon kann mein Mann ein Lied singen, und die Einschränkungen, denen prominente Menschen ausgesetzt sind, sind groß.

Wir haben sogar einmal unser Sommerquartier in Südtirol gewechselt, um nicht auf Schritt und Tritt angesprochen zu werden. Mein Mann reagierte immer mit großer Geduld und Freundlichkeit, aber ich fand es zunehmend lästig. Wenigstens die drei Ferienwochen wollte ich ihn gern für mich allein haben. Wobei »allein« fast 17 Jahre lang bedeutete, dass uns bei jedem Schritt aus dem Haus zwei Sicherheitsbeamte folgen mussten. Am Anfang glaubte ich, das würde ich nicht aushalten, obwohl ich die Notwendigkeit einsehen konnte. Schließlich war mein Mann als Justizminister in den Jahren von 1974 an durch den RAF-Terror extrem gefährdet. Also habe ich mich in das Unvermeidliche gefügt und nach einigen Jahren gehörten die jungen Leute mehr oder weniger zur Familie. Sie begleiteten uns überall hin. In unserem Refugium in Niederbayern gingen sie mit in den Wald und haben Holz gemacht. Da habe ich schon mal Linsen mit Würstchen ge-kocht und in den Wald gebracht. Wenn wir in Skiurlaub fuh-ren, dann mussten welche mit, die mit meinen Töchtern auf den Skiern mithalten konnten. Meine Töchter waren damals in der Pubertät, und besonders meine jüngere litt zeitweise schon unter dem Schatten, der ihr überall hin folgte. Doch die jungen Männer verhielten sich meist sehr diskret. Über die Jahre hinweg waren es insgesamt rund 300 Beamte, die uns auf diese Weise schützten. Echten Ärger gab es in all den Jahren nur ein- oder zweimal.

Alles in allem fiel uns der Übergang von der eigenen Wohnung in Münchens Zentrum zum Leben im Betreuten Wohnen enorm leicht. Im Nachhinein gesehen war die Phase davor, die Jahre des Überlegens und der Entscheidung, weit schwieriger als dann die Umsetzung in die Realität. Aber ist das nicht oft so im Leben? Vieles erscheint uns wie ein unüberwindlicher Berg, solange wir es nicht angepackt haben. Kommt dann die Phase des Handelns, stellt sich auch die Freude ein, die immer mit einem neuen Lebensabschnitt verbunden ist.

Was aber hätten wir gemacht, wenn die finanziellen Verhält-nisse nur einen Umzug in ein Einzimmerappartement zuge-lassen hätten? Es fällt mir nicht leicht, diese Frage objektiv zu beantworten, denn die Qualität unserer Wohnung war ja mit ein ausschlaggebender Grund für unsere Entscheidung. Ver-mutlich wären wir, trotz der Erschwernisse mit der Treppe, so lange als irgend möglich in unserer alten Wohnung geblieben und hätten versucht, bezahlbare ambulante Hilfe zu bekommen. Wenn unsere Mittel nicht ausgereicht hätten und auch die Pflegeversicherung nicht in entscheidendem Maße geholfen hätte, wäre es wahrscheinlich nötig geworden, unsere Kinder um Hilfe zu bitten.

Noch schwieriger ist die Situation, wenn sich Alleinstehende im Pflegeheim ein Zimmer mit einem fremden Menschen teilen müssen. Ich habe zwar erlebt, dass eine alte, schon etwas verwirrte Frau eine spontane, rührende Freundschaft mit ihrer Zimmernachbarin geschlossen hatte und über deren Tod unendlich traurig war, aber das dürfte wohl eher die Ausnahme sein. Es muss das Ziel sein, jedem Menschen seine eigenen vier Wände zu ermöglichen, aber das wird ohne steigende Kosten im Gesundheitswesen nicht geschehen.

Altern als Frau

> *Zu viel begehrt das Herz,*
> *doch endlich, Jugend, verglühst du ja,*
> *du ruhelose, träumerische!*
> *Friedlich und heiter ist dann das Alter.*
> Friedrich Hölderlin,
> »Abendphantasie«, Elegie

Ich denke, der Prozess des Alterns wird in unserer Gesellschaft viel zu sehr verdrängt. Wenn ich nur Begriffe höre wie Anti-Aging! Als könne man etwas »gegen das Altern« tun und vor allem, als wäre dies wünschenswert. Natürlich verwende auch ich Kosmetika, das habe ich mein Leben lang gemacht. Aber wie jede andere vernünftige Frau weiß ich auch, dass der Prozess des Alterns mit keiner Creme aufgehalten werden kann. Schließlich setzt er nicht erst »ab 40« ein, sondern bereits nach der Geburt, ja, es ist ein Teil unserer Natur, jeden Tag zu altern. In der Jugend wird er noch positiv gesehen, man möchte »endlich« erwachsen werden, den Führerschein machen usw. Erst wenn der Tod erschreckend herannaht, da wird das Altern kritisch. Wir sind derart von der Werbung geprägt, dass wir meist gar nicht mehr bemerken, wie sehr alles, was mit Altern zu tun hat, ausgemerzt oder euphemisiert wird.

Sogar die Broschüren bestimmter Wohnstifte bleiben davor nicht verschont. Da heißt ein schlichtes Haus auf einmal

»Senioren-Residenz«, und auf den Titelseiten strahlen einem gut aussehende, braungebrannte Menschen entgegen, die allerhöchstens 60 sind und einem versichern sollen, dass man nicht in seine letzte Bleibe einzieht, sondern in eine Art Alljahresurlaubsclub. Ich finde ein solches Gehabe geradezu lächerlich, ja sogar gefährlich. Weil es den Menschen, die wirklich voller Ängste sind und die richtige Lösung für sich suchen, eine Welt vorgaukelt, die es gar nicht gibt.

Gegen die Verherrlichung der Jugend sind wir alle nicht gefeit. Wir müssen sehen, dass wir diesem Jugendwahn nicht erliegen, der einem von früh bis spät in den Medien gepredigt wird. Ich bemühe mich seit Kurzem, mich nicht mehr darüber zu freuen, wenn mir jemand sagt: »Was, Sie sind schon 80? Das hätte ich nicht gedacht!« Schließlich habe ich mir meine Falten redlich verdient und ich bin nicht der Meinung, dass ich mich ihrer schämen müsste oder es ein Grund zur Freude wäre, wenn jemand sie nicht wahrnimmt – oder wahrnehmen will. Das Alter als etwas Selbstverständliches zu nehmen, nicht als etwas, das man bedauern oder hochloben muss, das wäre ein Umgang, der viele Ängste und Sorgen gar nicht erst aufkommen ließe.

Ich kann mich nicht erinnern, dass ich mir je gewünscht hätte, jünger zu sein, als ich bin, das war in keinem Lebensalter so. Ab und zu denke ich zwar, ich wäre gern wieder in der Lage, eine schöne Bergtour zu machen. Aber das heißt nicht, dass ich jünger sein möchte.

Besonders wir Frauen sind diesem Druck ein Leben lang ausgesetzt. Ich habe ja nun über viele Jahrzehnte hinweg den Wandel der Rolle der Frau miterlebt, auch wenn ich selbst eigentlich nie in einer Situation war, die ich als »unemanzipiert« empfunden hätte. Mir ist von meiner Mutter und meiner Großmutter ein selbstbewusstes Frauenbild übermittelt worden, wenn beide es auch sehr unterschiedlich lebten.

Meine Großmutter war eine echte Dame, legte bis ins hohe Alter großen Wert auf ihre Weiblichkeit, war stets perfekt und gut gekleidet und hatte Freude daran, ohne es zu übertreiben. Für sie war das einfach selbstverständlich. Meine Mutter war, genau wie ich, eher der sportliche Typ, und wenn meine Großmutter manchmal über meine Mutter klagte, dann ging es darum, dass sie ihrer Meinung nach »nicht eitel genug« sei. Sie war oft sehr traurig darüber, dass ich so viel Hosen trug. Das hat sie nicht gern gesehen. Meine Großmutter ging nie ohne Handschuhe und Hut aus, einen Schirm trug sie nicht nur bei sich, wenn es regnete, sondern auch wenn die Sonne zu arg schien. Aus diesem Grund hatte sie auch bis ins hohe Alter eine fabelhafte Haut. Gewisse Dinge gehörten einfach dazu, fand sie.

Sie hätte mir am liebsten jede Menge schöner Puppen geschenkt, ich aber wünschte mir stattdessen den nächsten Karl-May-Band. Lediglich eine männliche Puppe, ein kleiner Bub aus einem gummiartigen Material, den mochte ich gern. Mindestens dreimal schnitt ich ihm den Bauch auf, um ihm den Blinddarm zu entnehmen. Da ich ja sonntags immer meinen Großvater und die Onkels fachsimpeln hörte, war mir die Materie bestens vertraut. Und da man mit Puppen leider eine Steißlagengeburt nicht nachspielen konnte, blieb eben der Blinddarm.

Aber die elegante Porzellanpuppe mit beweglichen Gliedern, die heute ein Vermögen wert wäre, mit ihren seidenen

Morgenröcken und all ihrer Ausstattung, war mir immer suspekt. Meine Großmutter bedauerte das sehr, gern hätte sie mir noch mehr von dieser Sorte geschenkt. Ich aber wartete auf den nächsten Karl-May-Band.

Das lag sicher auch daran, dass sich mein Vater vor meiner Geburt sehnlichst einen Sohn gewünscht hatte und mich dann wie einen solchen erzog. Ich muss noch ziemlich klein gewesen sein, als meine Mutter mir das einmal erzählte. Wahrscheinlich habe ich mich damals instinktiv nach diesem Wunsch meines Vaters ausgerichtet und mich wie ein Bub verhalten. Bewusst wurde mir das erst viel später. Redensarten wie »Ein Indianer kennt keinen Schmerz« waren bei mir selbstverständlich. Sport war immer ganz wichtig. Und bei den Urlauben in den Bergen kommt in meiner Erinnerung die Mutter kaum vor, immer war ich mit meinem Vater unterwegs, in Wanderschuhen oder auf Skiern, je nach Jahreszeit. Und dass ich im Zweifelsfall »meinen Mann« stehen musste, das lernte ich ebenfalls sehr früh.

Ich erinnere mich an eine Begebenheit, als ich noch sehr klein war. Vor unserem Haus in Schwabing befand sich eine kleine Anlage mit einem Spielplatz. Und als ich alt genug war, um dort auch einmal ohne meine Mutter zu spielen, bin ich mit Eimer und Schäufelchen allein zu der Sandkiste gegangen. Da spielte außer mir nur ein größerer Bub, und der hat mir Eimer und Schaufel einfach weggenommen. Ich versuchte ihm zu erklären, dass er mir das wiedergeben müsse, er aber lachte Hohn. Da bin ich heulend nach Hause gelaufen und hab meiner Mutter unter Schluchzern erzählt, was mir da Unmögliches widerfahren sei. Sie aber erklärte mir in aller Ruhe: »Horch a'mal, wenn du da unten spielst, da kann ich nicht auf dich aufpassen. Dann musst du das schon allein tun. Wenn du jetzt nicht mehr hinunter möchtest, dann bleibst du eben da.«

Und ich hab mich von Gott und der Welt total verlassen gefühlt. Zehn Minuten bin ich noch dageblieben, und dann hat mich die Wut gepackt und ich bin hinunter. Bin zu dem Jungen hin, der da spielte, und stellte mich wutentbrannt vor ihn hin: »Gib mir SOFORT meine Schaufel!«, schrie ich. Da war der so erschrocken, dass er überhaupt keinen Widerstand mehr geleistet hat.

Die kleine Begebenheit lehrte mich etwas Wichtiges, nämlich für mich selbst zu sorgen und nicht zu warten, dass es andere für mich richten.

Ich wuchs in Schwabing auf, was damals Stadtrandlage bedeutete. Und als ich ein bisschen älter war, durfte ich in einer Kinderbande mitspielen, weil ich nicht heulte, wenn ich mir mal das Knie aufschlug. Dass da ein Unterschied sein könnte zwischen Jungen und Mädchen, das war für mich als Kind kein Thema.

Männer und Frauen, das fiel für mich nicht ins Gewicht. Sicherlich, das Argument meines Großvaters, das mich dazu brachte, auf mein ersehntes Medizinstudium zu verzichten, das hat mein Leben in eine bestimmte Richtung gelenkt. Ich habe ihm zu sehr vertraut und seinen Worten Glauben geschenkt, dass ich aufgrund der Tatsache, eine Frau zu sein, etwas nicht erreichen könnte, was für einen Mann selbstverständlich gewesen wäre. Doch ich bin nicht der Mensch, der solchen Dingen nachhängt. Später, als meine Töchter größer waren und ich durchaus nochmals hätte ein Studium beginnen können, hatte ich mehr Freude daran, mich praktisch zu betätigen. Ich wollte ein Ergebnis sehen und mit Menschen zu tun haben. All das konnte ich durch meine Arbeit mit und für Behinderte bei meiner jahrzehntelangen Tätigkeit für die Pfennigparade verwirklichen.

Die Werte und Charaktereigenschaften, die man damals eher Männern zuschrieb und die mein Vater aus dem unbewussten Wunsch nach einem Sohn auf mich übertrug, kamen mir mein Leben lang zugute, wenn sie auch meine Weiblichkeit nicht unbedingt förderten. In meiner Jugend während des Krieges waren sie allerdings von Nutzen. Zum Beispiel, dass man sich vor nichts fürchten sollte. Und ich bin tatsächlich ein sehr unängstlicher Mensch. Das galt übrigens auch für meine Mutter.

Für die nachfolgenden Generationen hat die Frauenbewegung viel erreicht. Ich erinnere mich noch gut an die Diskussion beim Parteitag der SPD 1988 in Münster, als es den berühmten Beschluss gab für die Frauenquote. Manche Frauen waren eigentlich gar nicht dafür, sie sagten, wenn es eine wirklich will, dann schafft sie das schon. Doch mein Mann hat das damals befürwortet und damit ein wichtiges Zeichen gesetzt.

Es geht ja vor allem um Wertschätzung für das, was die Frau leistet. Das äußert sich in Anerkennung sowie im Gehalt. Und darum empfinde ich es als empörend, wenn Frauen heute noch bei gleicher Arbeit weniger verdienen als Männer. Laut einer Statistik hat sich die Differenz im letzten Jahr sogar wieder leicht erhöht (Stand Februar 2009).

Ich habe das große Glück, mit einem Mann zusammen zu sein, der mich immer an allem teilhaben ließ. Alles hat er mit mir beredet, sodass ich nie das Gefühl haben musste, ich sei aus seinem Leben ausgeschlossen oder würde nicht ernst genommen.

Meiner Meinung nach hat die Frau in der Gesellschaft die gleichen Aufgaben wie der Mann. Wobei man nicht unterschätzen darf, dass es durchaus einen weiblichen und einen männlichen Zugang zu einem Thema gibt. Gerade die Chance, die darin steckt, dass Frauen Problemlösungen ganz anders angehen als Männer, sollte sich eine Gesellschaft nicht entgehen lassen. Bei uns Frauen gibt es weniger Imponiergehabe, wir müssen uns nicht ständig beweisen, oft geht es uns mehr um die Sache an sich als um unser persönliches Verdienst dabei. Die Regeln, die in einer männlich dominierten Gesellschaft herrschen, sind andere als unter Frauen. Natürlich haben sich viele Frauen, vor allem in den vergangenen Jahrzehnten, dem männlichen Verhalten bereits angepasst, um in dem System überhaupt »überleben« zu können. Heute habe ich das Gefühl, dass die junge Frauengeneration nicht mehr unbedingt den Versuch macht, sich den männlichen Gegebenheiten anzupassen. Das Selbstbewusstsein ist gewachsen, und die Frauen trauen sich durchaus zu, dasselbe leisten zu können wie die Männer. Und vielleicht weil sie verbindlicher sind und dem Imponiergehabe nicht so ausgesetzt, machen sie ihre Arbeit oft viel besser. Ich finde, man sollte diese unterschiedliche Herangehensweise an Probleme weniger voneinander abgrenzen, sondern vielmehr für die Gesellschaft nutzen.

Ich habe zwei Töchter und beobachte mit Freude, wie sie ihren Weg gehen. Da habe ich auch nicht das Gefühl, ihnen Ratschläge erteilen zu müssen, die wissen genau, wie sie es am besten machen.

Was das Altern anbelangt, so ist es doch ganz einfach: Man bleibt derselbe Mensch, man ändert sich ja nicht so wahnsinnig in den verschiedenen Lebensaltern. Auch wenn ich jetzt die 80 überschritten habe, wache ich nicht jeden Morgen mit dem Gefühl auf, 80 zu sein. Es war mir allerdings immer wichtig, mich meinem Alter entsprechend zu verhalten, nichts finde ich trauriger als eine Frau, die selbst gar nicht mitzukriegen scheint, dass sie älter geworden ist.

Ich hätte früher nie gedacht, dass sich das Bild, das in der Gesellschaft vom Altsein vorherrscht, so subtil in unser Leben drängt. Obwohl heute viel vom »jungen Rentner« gesprochen wird und trotz der Negierung des Alters in der Werbung, selbst wenn die alten Leute die sogenannte Zielgruppe sind, so gibt es doch Beispiele, wo man in unserem Alter in eine bestimmte, altbackene Schablone gepresst wird. Am meisten fällt mir das bei der Mode auf. In unser Wohnstift kommen in regelmäßigen Abständen einige Modefirmen und das ist eine praktische Erleichterung für diejenigen, die nicht mehr selbst in die Stadt fahren können. Aber auch wenn man keinen Minirock erwartet, dürften die Angebote ein wenig mehr Farbe und Pfiff haben.

KAPITEL 5

Wo Licht ist, ist auch Schatten

Um es gleich zu sagen: So glücklich wir mit unserer Entscheidung sind – wie alles hat das Leben im Wohnstift auch seine Schattenseiten. Und ich bin die Letzte, die etwas allzu idealisiert betrachtet, im Gegenteil, mein realistischer Blick ist in unserer Familie geradezu berüchtigt.

Es ist nun einmal so, dass es das schlichtweg Ideale nicht gibt. Weder in einem Leben im Wohnstift noch außerhalb. Diese Erkenntnis hat mir im Laufe meines Lebens eine gewisse Gelassenheit eingebracht. Und mit dieser Gelassenheit wuchs auch meine Toleranz anderen Menschen und Situationen gegenüber. Auf der einen Seite stehen die Vorteile, auf der anderen jene Dinge, die man sich möglicherweise anders wünschte, die aber nicht zu ändern sind. Jeder Einzelne muss dann für sich selbst abwägen: Was ist für mich persönlich wichtiger? Welche Seite überwiegt?

Eines liegt in der Natur der Sache selbst: In einem Wohnstift wohnen nun mal alte Menschen. Und in einem großen Haus wie dem unsrigen natürlich auch sehr viele. Das muss man sich schon vorher gut überlegen, ob man das aushalten kann. Mitunter, besonders an Tagen, an denen es mir nicht so gut geht, betrübt es mich, wenn ich am Mittag gegen halb zwölf am Restaurant vorbeikomme und eine regelrechte Prozession von gebrechlichen Menschen mit allen Formen von Gehhilfen, von der Krücke über den Rollator bis hin zum Rollstuhl, an mir vorüberziehen sehe. Angesichts dieser massierten Gebrechlichkeit wird man täglich daran erinnert, wie der eigene Weg verlaufen wird, wenn man selbst einmal nicht mehr so mobil ist. Das hatte ich schon zusammen mit meiner Mutter erlebt, wenn ich gelegentlich bei ihr zu Mittag aß, und darum war mir das in aller Deutlichkeit bewusst, als ich mich für das Wohnstift entschied. Dennoch gibt es Tage, an denen man manchmal schluckt. Wie gesagt, das hängt immer von der eigenen Stabilität und Befindlichkeit ab. Ob man das mit Humor oder mit Realitätssinn nehmen kann, oder ob es einem an die Nieren geht. Aber natürlich ist das der Weg, den wir alle einmal gehen werden. Und umgekehrt hat es den Effekt, dass wir beide, da es uns gut geht und wir noch mobil sind, dafür auch Dankbarkeit empfinden.

Dass die Dinge nämlich nicht immer komplett und hundertprozentig sind, war mir von klein auf bewusst. Ich bin nämlich mit einem Vater aufgewachsen, der im Ersten Weltkrieg einen Arm verloren hatte, und lernte deshalb rasch, dass körperliche Unversehrtheit keine Selbstverständlichkeit ist. Dabei habe ich aber auch gelernt, dass man selbst mit einer solch erheblichen körperlichen Einschränkung seinen Alltag bewältigen kann. Mein Vater konnte mit einer Hand Schuhe binden, das habe ich oft versucht und nie geschafft. Er fuhr ausgezeichnet Ski, war ein begeisterter Bergwanderer und guter Schwimmer. Er zeigte mir, dass man sich mit einem derart

56

signifikanten körperlichen Defizit dennoch die größtmögliche Selbstständigkeit erhalten kann. Diese Erfahrung hat mir auch in meiner 30-jährigen Arbeit mit Behinderten außerordentlich geholfen.

Wir sind aber nicht nur von alten Menschen umgeben. Vor allem das Personal ist meist sehr jung, und da der Pflegedienst groß ist, begegnen einem auch täglich viele freundliche junge Leute. Außerdem kann ich ja jederzeit in die Stadt gehen, mich mit Freunden oder meinen Kindern verabreden, wir sind ja alle freie Menschen und können unseren Alltag so gestalten, wie wir es uns wünschen.

Wenn man ins Betreute Wohnen zieht, spielen viele Aspekte eine Rolle und man muss das Für und Wider abwägen. Ich persönlich gab der Qualität des Hauses gegenüber seiner Lage den Vorrang. Hier führt in nächster Nähe die Autobahn vorbei, und da das Haus eine solch hohe Nachfrage erfährt, wurde hier mehr als zwei Jahre lang gebaut und erweitert. Das brachte Lärm und Schmutz mit sich. Wir wussten davon, als wir einzogen, aber wir nahmen diese Nachteile für die hohe Qualität des Hauses in Pflege, Ausstattung, Verpflegung und Kulturangebot in Kauf.

Viele Leute denken, im Betreuten Wohnen sind sie den anderen Mitbewohnern quasi ausgeliefert, müssen eine Gesellschaft ertragen, die sie eigentlich gar nicht wollen.

Ich erkläre dann immer: An unserer Wohnungstür ist eine Klingel. Wenn jemand zu uns möchte, muss er läuten und es wird ihm aufgemacht – genau wie in jeder anderen Wohnung.

Natürlich steht man stärker unter Beobachtung, und ich bin mir sicher, dass über uns geredet wird. Schließlich führen wir ein Eheleben, wie es in unserer Altersgruppe nicht üblich ist: Mein Mann verreist viel, und manchmal bin ich außer Haus, wenn er wiederkommt. Oft werde ich bemitleidet, wenn mein Mann einmal wieder für ein, zwei Tage fort ist: »Oh, Sie Arme, sind Sie wieder Strohwitwe!« Und ich wage nicht zu sagen, dass das für uns ganz normal ist und es mir überhaupt nichts ausmacht, allein zu sein. Denn das würde man vielleicht falsch verstehen. In unserer Münchener Wohnung hat davon niemand Notiz genommen, da stand ich weniger unter Beobachtung. Auf der anderen Seite war ich damals tatsächlich oft allein und habe mitunter tagelang niemanden gesehen, wenn mein Mann weg war. Außer ich habe auf der Treppe jemanden getroffen, doch in unserem Haus lebten ja nur vier Parteien. So kam es, dass ich mitunter ein paar Tage lang kein Wort mit jemandem gesprochen habe. Das kommt jetzt nicht mehr vor. Wenn ich mittags zum Essen gehe, läuft mir jemand über den Weg, der mit mir ein paar Minuten plaudern möchte, oder ich treffe jemanden, den ich frage, wie es ihm geht; man ist sehr viel mehr eingebettet in die menschliche Gemeinschaft. Und das ist durchaus etwas Positives.

Aber es verpflichtet mich zu nichts. Ich mache nachher genauso meine Tür hinter mir zu wie vorher, wenn ich möchte. Ich kann mir aber auch jemanden zum Tee einladen, wenn ich will.

Auch Menschen, die ganz für sich sein wollen, können hier leben, ohne dass sie zu sozialen Kontakten genötigt werden. Es gibt hier viele Beispiele dafür. Seltsamerweise sind das meistens männliche Mitbewohner, und es gibt bei uns im Restaurant einen Tisch, der mir immer wieder auffällt, an den sich einige alleinstehende Herren setzen. Sie löffeln gemeinsam ihre Suppe, essen den Hauptgang und beenden den Nachtisch, ohne auch nur ein einziges Wort miteinander zu wechseln. Offenbar haben sie es gern so, und niemand würde sie je stören. Der Respekt vor der Privatsphäre eines jeden Einzelnen ist sehr hoch.

Grundsätzlich denke ich, ist es hilfreich, wenn Menschen, die in ein Altenheim ziehen, eine gewisse Offenheit mitbringen. Wer Anschluss sucht, findet ihn hier gewiss. Es gibt Spielnachmittage, die sehr gern wahrgenommen werden, Kartenrunden, eine kleine Dämmerschoppenrunde, die sich nachmittags um fünf im Clubraum trifft. Das sind lauter Menschen, die sich vorher nicht kannten und hier kennenlernten. Aber es gibt keinerlei Verpflichtung, an so einer Runde teilzunehmen. Im Grunde wohnen wir wie in einem Mietshaus, nur dass diese vielfältigen Angebote für Geselligkeit vorhanden sind.

Auch die beste Gesellschaft wird nicht verhindern, dass Menschen in so einem Haus auch einsam sind, vor allem wenn sie alleinstehend leben, wie das viele tun. Man mag sich einsam fühlen, aber allein muss man nicht sein.

Wenn man ein Leben gemeinsam verbracht hat, ist es sehr schwer, sich mit dem Tod des geliebten Partners abzufinden. Aber das ist überall so, ob man nun in einem Stift wohnt oder nicht. Wir erleben das mit einer guten Freundin, deren Mann vor mehr als zehn Jahren starb. Sie hat seinen Tod bis heute nicht verwunden. Einen solchen Verlust kann einem natürlich keiner ersetzen. Und ich denke, das gibt es häufig, auch bei uns im Haus, dass nach dem Tod eines Partners ein Prozess abläuft, den nicht alle gut bewältigen können. Bei Besuchen bei meiner Freundin ist es immer ein mittleres Drama, wenn ich mich wieder verabschieden muss. Obwohl sie viele Freunde hat und oft besucht wird. Aber der Tag ist lang und das Alleinsein schwer. Und wenn man dann vielleicht nicht mehr lesen kann und damit eine schöne Möglichkeit wegfällt, sich selbst zu beschäftigen, dann wird man auf ganz neue Proben gestellt. Da ist dann das Fernsehen für alte Menschen ein großer Segen, wie man auch sonst dazu stehen mag.

Für mich persönlich war Alleinsein nie ein großes Problem. Natürlich lebt mein Mann noch und das Alleinsein ist für mich immer ein vorübergehender Zustand. Dennoch glaube ich, dass Menschen unterschiedlich fürs Alleinsein begabt sind, den einen fällt es leichter, die brauchen das sogar ganz dringend hin und wieder. Und andere können es kaum ertragen. Bei mir ist eher das Erstere der Fall. Es kann sogar vorkommen, dass ich ganz kribbelig werde, wenn mein Mann einmal ausnahmsweise sehr lange zu Hause ist. Nicht dass er mich stören würde, ganz und gar nicht, aber es tritt dann ein seltsamer Zustand ein, dass ich denke, so langsam könnte ich mal wieder einen Tag für mich haben. Aber das kommt so gut wie nie vor, noch immer ist mein Mann sehr viel unterwegs.

Mein Mann hingegen scheint das nicht zu brauchen, das Alleinsein. Natürlich sitzt er, wenn er hier ist, seine acht Stunden am Schreibtisch. Dennoch scheint es ihm überhaupt nichts auszumachen, selbst wenn er an etwas arbeitet oder über etwas nachdenkt, wenn man hereinkommt. Er hat die Gabe, in jeder Sekunde seines Lebens sofort freundlich zuzuhören und zu antworten, wenn ich ihn etwas frage. Das ist etwas, das mir nicht gelingt.

Für das Alleinsein kann man sich also aktiv entscheiden, und in einem Wohnstift hat man in dieser Hinsicht die freie Wahl.

Dass man zu wenig Ruhe hätte im Betreuten Wohnen, diese Sorge muss man nicht haben. Wenn wir von Abendterminen nach Hause kommen, da finde ich es manchmal fast bedrückend, dass ab sieben Uhr dieses große Haus so leer wirkt. Da geht keiner die Gänge entlang, da sieht man niemanden mehr. Außer wenn eine Veranstaltung stattfindet – und die gibt es ja häufig –, wirkt abends alles wie ausgestorben. Aber das sieht nur so aus. Ältere Menschen ziehen sich eben abends meist zurück, und das ist auch in einer so großen Einrichtung wie der unsrigen durchaus möglich, wenn man es wünscht.

Manche Menschen fürchten, dass sie sich in einem Wohnstift fremden Regeln unterwerfen müssen, dass sie nicht mehr »Herr oder Herrin im eigenen Haus« sind. Das kann ich nicht bestätigen. Auch in einem Mehrfamilienhaus gibt es bestimmte Regeln, möglicherweise noch mehr als hier.

Jemand mit einem starken Unabhängigkeitsdrang empfindet die festen Essenzeiten vielleicht als Einschränkung. Hier hilft, dass es eine Tischzeit von elf bis halb zwei Uhr gibt, man muss also nicht Punkt zwölf bei Tisch sein, sondern jeder kann die für ihn angenehmste Essenszeit wählen, gerade so, wie es ihm passt. Außerdem steht es einem jederzeit frei, sich noch am gleichen Tag bis zehn Uhr vormittags abzumelden, und dann wird einem ein bestimmter Betrag für das Essen auch nicht in Rechnung gestellt.

Ich fand es anfangs etwas einschränkend, dass so viel Wert auf eine Abmeldung gelegt wird, übrigens auch, wenn man für einen oder mehrere Tage verreist. Aber das hat seinen guten Grund und dient der eigenen Sicherheit. Wenn jemand nicht zum Mittagessen kommt und nicht abgemeldet ist, wird nachgehört, ob alles in Ordnung ist, und so vermieden, dass ein Bewohner, der zum Beispiel durch einen Sturz in seinem Appartement liegt und den Notruf nicht betätigen kann, längere Zeit ohne Hilfe bleibt.

Zweimal kam es vor, dass mein Mann und ich von Abendterminen spät nach Hause kamen und bei äußerst schlechtem Wetter am Eingang eine Dame antrafen, die ihren Rollator vor sich herschob und erzählte, sie müsse unbedingt in die Sendlinger Straße, um nach ihrem Geschäft zu sehen. Da bin ich dann bei ihr geblieben, während mein Mann beim Empfang eine Pflegerin herbeirufen ließ, die sie in ihre Wohnung zurückbrachte.

Es ist für mich eine Selbstverständlichkeit zu helfen, wenn ich sehe, dass mich jemand braucht. Einmal wurde ich nachts von einem dumpfen Schlag aus der Wohnung über mir wach. Ich überlegte eine Weile, was ich tun sollte. Wusste ich doch, dass die alleinstehende Dame über uns sehr schwer an zwei Krücken geht. Schließlich entschied ich mich zu handeln und rief bei der Pforte an. Am nächsten Morgen erkundigte ich mich nach ihr, und ich erfuhr, dass sie tatsächlich hingefallen war, sich aber selbst wieder hochrappeln konnte. In diesem Fall war es blinder Alarm, aber ich meine, lieber einmal zu oft nachsehen, als dass jemand bis zum Morgen liegen muss. Aber natürlich gibt es auch Leute hier, die lassen lieber die Tür zu, damit sie nicht behelligt werden.

Es ist immer ein Balanceakt, das mit dem Helfen. Die Grenze zwischen Helfen und Einmischen ist haarfein. Wichtig ist, dass man nicht spontan eine Nähe schafft, die man nicht aufrechterhalten kann. Da erweckt man nämlich Erwartungen, die man später nicht erfüllt, und das ist für alle Beteiligten bitter. Besser ist also, man geht mit seinen Mitmenschen behutsam und respektvoll um.

Ein wichtiger Punkt für Lebensqualität sind natürlich die sozialen Kontakte, die man über die Jahre geknüpft hat. Da spielt es eine Rolle, ob man in eine Einrichtung in derselben Stadt zieht, in der man die letzten Jahre gelebt hat. Wenn die Freunde und die Familie in der Nähe sind, dann spürt man den Unterschied nicht so stark. Zieht man aber, vielleicht der Güte des Hauses wegen, in eine fremde Stadt, so muss man sich doch in vielem umstellen. Die Stadt ist einem nicht vertraut, die Familie kommt weniger häufig zu Besuch, man ist darauf angewiesen, dass alte Freunde einen weiten Weg machen, um einen zu sehen. Das erlebe ich bei anderen Bewohnern, die manchmal traurig sind, weil sie ihre Kinder nicht so häufig sehen können, weil sie weit weg wohnen. Natürlich gibt es auch die Situation, dass alleinstehende Damen oder Herren ihren Kindern hinterher gezogen sind, um in deren Nähe zu sein, und die ursprünglich in Wesel oder Dortmund zu Hause waren und sich nun in

München neu etablieren müssen, ohne dass sie ihre Kinder permanent sehen, weil die natürlich auch nicht ständig Zeit haben. Positiv daran ist, dass es immer eine gute Sache ist, wenn man sich neu auf etwas einstellen muss – solange man körperlich und geistig dazu noch in der Lage ist. Dann ist die Eigeninitiative gefragt. Ich denke, es ist immer schlecht, wenn man sich zurücklehnt und wartet, dass andere kommen und nach einem sehen. Da entstehen diese durch stumme oder laute Vorwürfe und schlechtes Gewissen belasteten Beziehungen, die leider das Verhältnis zwischen den Generationen oft bedrücken.

Es führt kein Weg daran vorbei: Alter ist Verzicht. Verzicht auf geliebte Gewohnheiten. Bei mir ist das beispielsweise das Bergwandern. Dass mein Körper da nicht mehr mitmachen mag, erfüllte mich oft mit großer Traurigkeit. Man muss sich eingestehen, dass man manches einfach nicht mehr tun kann, und die Liste davon wird von Monat zu Monat länger. Wie viel Mühe macht es zahlreichen Männern, das Autofahren aufzugeben, wie eigensinnig weigern sie sich einzusehen, dass die Fähigkeit zur Konzentration und Reaktion einfach nicht mehr dieselbe ist wie noch vor wenigen Jahren.

Ich bedaure es manchmal, dass wir heute keine längeren Flugreisen mehr machen können wegen meines Herzens. Doch statt zu klagen, haben wir uns nach Alternativen umgesehen und uns aufs Schiff verlegt. So sind wir die Donau hinuntergefahren und einmal über die Ostsee.

Auch für die Entscheidung, ins Wohnstift zu gehen, oder auch bei jeder anderen Wohnform gilt: ohne Verzicht geht es nicht. Daran gewöhnen sich die Menschen offenbar leichter, wenn es sich ums Gehen handelt. Am Stock zu laufen oder am Rollator ist einfacher, als das ganze Leben zu ändern.

Es war schon in unserer letzten Wohnung eine Umstellung für mich, dass ich jetzt auf einem Fleck sitze und nicht mehr dauernd von einem Lebensstandort zum nächsten pendle. Auf der anderen Seite gab es in meinem Leben genug Wechsel, es darf jetzt auch ein bisschen ruhiger sein.

Der schwerste Verzicht für mich war, den geliebten Garten in Niederbayern aufzugeben, und ich vermisse ihn immer noch. Heute ist uns ein kleiner Balkon im zwölften Stock geblieben, immerhin. Ich habe eine junge Trauerweide in einem Kübel dort eingepflanzt und Blumen rundherum. Ein Ersatz für den Garten ist das natürlich nicht, aber wir haben ein bisschen Grün vor der Nase. Und ich freue mich an jeder Amsel, die sich zu uns verirrt. Die Berge sehe ich bei schönem Wetter von unserer Wohnung aus. Und auch wenn ich sie nicht mehr besteigen kann, denke ich oft: wie schön haben wir es doch. Wenn es uns gelingt, im Verzicht noch das zu sehen und zu schätzen, was uns geblieben ist, dann stellen wir fest, wie reich wir noch immer sind. Wie alles ist auch dies eine Frage der inneren Einstellung.

Insgesamt ist die Zufriedenheit bei uns im Haus sehr hoch, ich würde sagen bei über 90 Prozent. Es vergeht kein Tag, an dem nicht jemand beim Mittagessen sagt: »Was geht es uns gut!«

Sollte einmal dennoch ein Grund zur Unzufriedenheit bestehen, dann kann man sich ruhig dazu äußern. In jedem Haus gibt es einen Stiftsbeirat. Der wird von den Bewohnern gewählt und bringt Anregungen an entsprechender Stelle vor. Bei uns gibt es beim Empfang einen großen Kasten für Vorschläge und Wünsche. Selbstverständlich kann man sich auch in dringenden Fällen direkt bei der Direktion oder deren Stellvertretung melden. Wünsche und Kritik werden auf alle Fälle gehört. Wir dürfen nicht vergessen, dass wir Mieter sind, Vertragspartner also, und nicht Bittsteller. Bei uns im Haus ist der Stiftsbeirat so organisiert, dass jedes Mitglied einen anderen Bereich abdeckt. So ist eines für die Küche und Ernährung zuständig, ein anderes für Pflege, für Reinigung, das Kulturprogramm usw., und man kann sich direkt an die- oder denjenigen wenden, wenn man ein entsprechendes Anliegen hat.

Die für die Pflege zuständige Dame wurde in den letzten drei Jahren nur ein- oder zweimal angesprochen. Vieles fängt wohl der Empfang auf. Er ist der Mittelpunkt des Hauses, bei dem alles zusammenläuft. Er ist rund um die Uhr besetzt, und die unerschütterlich geduldigen und liebenswürdigen Angestellten haben für jeden Wunsch ein Ohr und helfen nach Kräften. Ob ein Taxi oder ein Handwerker gefragt ist, jemand den Pflegedienst braucht oder sich zum Essen abmeldet oder was immer gerade nötig ist. Ich habe in drei Jahren noch nie ein ungeduldiges Wort dort gehört, obwohl mancher Anruf ein Höchstmaß an Geduld erfordert. Der Umgang der Empfangsdamen mit den Bewohnern prägt die ganze Atmosphäre des Hauses. Auch die Pflegerinnen und Pfleger wie alle anderen Mitarbeiter schaffen ein Klima der Freundlichkeit. Dieser positive Aspekt war für uns von entscheidender Bedeutung und stand ganz weit oben auf der Liste unserer Prioritäten.

KAPITEL 6

Wie können wir uns die Entscheidung einfacher machen?

Im hohen Alter, wo uns die Jahre nach und nach wieder entziehen,
was sie uns früher so freundlich und reichlich gebracht hatten,
halte ich es für die erste Pflicht gegenüber uns selbst und gegen die Welt,
genau zu bemerken und zu schätzen, was noch übrig bleibt.
Johann Wolfgang von Goethe,
Brief vom 15. Oktober 1831, Reise nach Ilmenau

Um herauszufinden, was uns in diesem Sinne »noch übrig bleibt«, ist es nützlich, einen kühlen Kopf zu bewahren. Ich kann mich gut erinnern, welche Gefühle in mir aufstiegen, als mein Mann zum ersten Mal sagte: »Ja gut, dann gehen wir eben in ein Wohnstift!«

Was, fuhr es mir durch den Kopf, ich?

Dass unsere Mitmenschen älter werden, das sehen wir ganz deutlich. Die Gebrechen anderer verwundern uns wenig. Gute Ratschläge, was der oder die am besten tun sollte, auch das fällt uns oft leicht. Aber bei uns selbst sieht es meistens ganz anders aus.

Ich kann mich noch gut daran erinnern, wie zwei liebe Freundinnen, die ich zwar regelmäßig traf, die sich aber untereinander Jahre nicht gesehen hatten, mir ihr Wiedersehen schilderten – jede einzeln versteht sich. In einem waren sich beide einig, nämlich dass die andere entsetzlich alt geworden sei. Irgendetwas scheint offenbar mit unserer Wahrnehmung nicht zu stimmen, wenn wir in den Spiegel sehen. Und damit meine ich nicht nur Falten, sondern die gesamte Einschätzung unserer Fähigkeiten.

Dies macht es uns so schwer zu erkennen, wo wir gerade wirklich stehen. Und genau das ist uns bei einer nüchternen Betrachtung der Lage im Weg: »Was? ICH soll in ein Wohnstift?«

Nachdem der erste Schreck überwunden war, kam mir meine Nüchternheit zu Hilfe. Es ist ja so, dass uns meist das Angst macht, von dem wir lediglich eine diffuse Vorstellung haben. Viele Menschen stellen sich unter einem Wohnstift ein Haus vor mit langen Gängen, wo rechts und links die Türen offen stehen und Menschen in Bademänteln herumschleichen, wo es nach Bohnerwachs und Kartoffelsuppe riecht. Die Menschen darin stellt man sich entmündigt vor, sie werden manipuliert, sind hilflos und dem Personal ausgeliefert. Natürlich will niemand in so ein Haus, schon gar nicht freiwillig.

Aus diesem Szenarium spricht die Angst vor Entmündigung, und ich glaube, diese Angst treibt die meisten um, wenn sie sich dagegen sträuben, das Thema Altenheim anzugehen.

Aber dieses Bild entspricht nicht der Realität. Um herauszufinden, wie die wirklich aussieht, beschloss ich damals, mich zu informieren. Und zwar über die verschiedenen Formen und Leistungen und, was auch nicht unwichtig ist, was so etwas kostet.

Zunächst muss geklärt werden, was für Sie das Richtige ist: Suchen Sie eine Form des Betreuten Wohnens, eine Form des gemeinschaftlichen Wohnens oder ein Pflegeheim? Wenn dies geklärt ist, dann finde ich es hilfreich, sich eine Liste zu machen mit den Kriterien, die einem wirklich wichtig sind. Am besten noch mit einer Gewichtung: Was ist mir am allerwichtigsten? Worauf mag ich gar nicht verzichten? Was kann ich notfalls vernachlässigen? Diese Liste mag bei jedem unterschiedlich aussehen. Aber um zu zeigen, was auf einer solchen Liste stehen könnte, finden Sie hier ein Beispiel:

Wo und wie will ich wohnen:

Welche Wohnform?
Betreutes Wohnen in der eigenen Wohnung?
Betreutes Wohnen in einem Wohnstift?
Betreutes Wohnen in einer Wohngemeinschaft?
Pflegeheim?
(Sehen Sie hierzu die detaillierten Darstellungen der einzelnen Wohnformen im Ratgeberteil.)

Umgebung
In der Innenstadt
Am Stadtrand
Auf dem Land
In der Stadt, in der meine Kinder leben

Freizeitangebote
Was möchte ich in meiner Freizeit tun?

Wo kann ich das am besten verwirklichen?

Kosten:
Was kann ich monatlich aufbringen?
Was kostet welche Wohnform?
(Sehen Sie hierzu die Kostenbeispiele im Ratgeberteil.)

Wenn Sie diese Fragen beantwortet haben und wissen, ob Sie ein Wohnstift oder ein Pflegeheim oder eine der anderen Varianten des Wohnens im Alter suchen, dann sind Sie schon einen entscheidenden Schritt weitergekommen. Im Folgenden verrate ich Ihnen meine persönliche Liste, mit der ich das Wohnstift, in das wir schließlich eingezogen sind, gefunden habe. Dabei gibt es natürlich Plus- und Minuspunkte, und es ist am Ende einfach die Frage, welche Gründe überwiegen.

Unser Wohnstift ist

+	−
Gut angebunden	Nicht im Zentrum
Herrlicher Blick	Lage nicht attraktiv
Schöne Wohnung	
Soziale Kontakte in der Stadt	
Attraktives Freizeitangebot	
Ausgezeichnetes Mittagessen	
Gute Hausatmosphäre	
Guter Service	
Alles da, was man braucht	

Hier können Sie erkennen, welches unsere Kriterien waren:

Wie ist das Haus gelegen?
Wie ist es verkehrstechnisch angebunden?
Wie attraktiv ist die Umgebung des Hauses?
Wo haben wir unsere sozialen Kontakte, können wir sie erreichen?
Wie ist die Qualität der Wohnung?
Wie ist die Qualität der Serviceleistungen?
Wie ist die Atmosphäre?
Wie ist das Essen?
Wie sind die Freizeitangebote?

Und nun ist es an Ihnen, zu streichen oder zu ergänzen, was Ihnen wichtig ist.

Ich finde es hilfreich, jeden dieser Punkte mit ein bis drei Sternchen zu versehen, die die Wichtigkeit anzeigen, die Sie ihm zukommen lassen. Mithilfe dieser Liste können Sie dann den Einrichtungen, die Sie besuchen, Noten von 1 bis 6 zuordnen, wie in der Schule.

Doch dazu müssen Sie die verschiedenen Einrichtungen oder Wohnformen erst einmal kennenlernen und sich ein Bild von ihnen machen. Bei uns im Wohnstift kann man sogar bis zu drei Tage lang Probe wohnen. Von einem solchen Angebot sollte man unbedingt Gebrauch machen, wenn man sich nicht sicher ist, ob es einem tatsächlich in einer bestimmten Einrichtung gefällt. Denn vieles lässt sich schwer erfragen, das direkte Erleben bringt eine viel tiefere Erfahrung.

Bei uns wird dieses Angebot rege angenommen. Ich sehe öfters ältere Herrschaften mit einem Köfferchen zu den Gästeappartements wandern.

Aber auch wenn man zu dem Ergebnis kommt, dass ein Wohnstift mit Betreutem Wohnen nicht das Richtige für einen ist, dann ist es wichtig, sich genau darüber zu informieren, welche alternativen Möglichkeiten es gibt. Sicherlich werden dann Änderungen in der alten Wohnung oder im eigenen Haus nötig werden, um auch dort mit den Einschränkungen, die das Alter mit sich bringt, zurechtzukommen.

Rechtzeitige Umbauten können – im wahrsten Sinn des Wortes – viele Stolpersteine aus dem Weg räumen. Nehmen Sie mich als Beispiel: Nach meinem Unfall hatte ich die größte Mühe, in unserer alten Wohnung zu sein. Wäre meine Gehbehinderung von längerer Dauer gewesen – und das Alter beginnt bei den meisten Menschen in den Beinen –, dann hätte man das Treppenhaus verändern, einen Treppenlift einbauen oder sonst eine Lösung finden müssen. Bei uns wäre das gar nicht möglich gewesen, aber vielleicht geht das ja bei Ihnen. Detaillierte Hinweise dazu finden Sie im Ratgeberteil dieses Buches.

Nach einem Schlaganfall braucht man, wenn man nicht so großes Glück hat wie ich, in der Regel permanente Pflege. Wie können Sie das bewerkstelligen, sollte es Sie einmal treffen? Das Risiko, pflegebedürftig zu werden, ist hoch. Viele ältere Menschen stürzen, und Knochen brechen im Alter nun mal leichter. Wollen Sie nicht in eine Einrichtung mit Betreutem

Wohnen ziehen, wo Sie in einem solchen Fall versorgt sein werden, dann sollten Sie diesen Ernstfall jetzt, wo Sie das noch können, für Ihr Zuhause durchspielen. Denn wenn es erst einmal so weit ist, dann sind Sie nicht mehr handlungs-, geschweige denn entscheidungsfähig, und das kann früher passieren, als Sie denken.

Die Menschen in Ihrem Umfeld sollten konkret wissen, was Sie in einem solchen Fall wünschen. Es ist hilfreich, Telefonnummern bereitzulegen, damit die von Ihnen gewünschte Pflege im Bedarfsfall schnell zu organisieren ist. Denn Ihre Angehörigen sind in einer solchen Situation ebenfalls sehr belastet, sie machen sich Sorgen um Sie und werden es Ihnen danken, wenn Sie sich vorher um Ihr eigenes Wohl gekümmert haben.

Uns persönlich war dies zu kompliziert und mit zu vielen Unwägbarkeiten verbunden. Wenn man sich im Notfall alle Hilfe einzeln zusammensuchen und -kaufen muss, das kann ganz schön aufwendig und teuer werden, von der Organisation ganz zu schweigen. Ihren Kindern fällt es dann zu, einen Pflegedienst zu organisieren. Ich fürchte, man riskiert auf diese Weise, dass man am Ende möglicherweise in einem Pflegeheim untergebracht werden muss, nur mit dem Unterschied, dass man es nicht selbst ausgesucht hat. Und das wollten wir vermeiden.

Hier weiß ich, wenn etwas passiert, sind wir versorgt. Auch am Wochenende und rund um die Uhr in der Nacht. Das ist eine unschätzbare Beruhigung, sowohl für unsere Kinder als auch für uns selbst.

Wie Ihre Vorlieben auch sind, immer geht es darum, jetzt die Initiative zu ergreifen und herauszufinden, welche Möglichkeiten es überhaupt gibt. Mein Rat ist, die Angebote von Pflegeheimen oder Betreutem Wohnen nicht von vornherein kategorisch abzulehnen, sondern sich unverbindlich zu erkundigen, welche es in der eigenen Umgebung gibt. Vielleicht geht es Ihnen ja wie mir und sie verlieben sich auf Anhieb in ein Haus oder eine Wohnung, vielleicht stellen Sie fest, die Realität sieht doch ganz anders aus, als Sie es sich vorgestellt haben.

Auch was Wohnstifte oder Pflegeheime anbelangt, sind wir über lange Zeit vorbelastet, und viele Menschen verbinden mit einem Umzug dorthin auch so etwas wie einen Imageverlust. Ich glaube, das war auch ein Grund, warum so viele Menschen an unserer Entscheidung Anteil nahmen; weil sie sahen, dass ein aktiver und prominenter Mensch wie mein Mann sich nicht scheut, seinen Wohnsitz in ein Wohnstift zu verlegen. So schlimm, dachten wohl viele, kann das also doch nicht sein.

Fordern Sie Informationsmaterial an, fahren Sie hin und sehen Sie es sich an. Am besten ist es, Sie vereinbaren dafür einen Besichtigungstermin. Vergessen Sie nicht, Sie sind der Kunde, kein Bittsteller. Achten Sie besonders darauf, welcher Ton im Haus herrscht, wie man Sie am Telefon berät und später persönlich empfängt.

Da mehrere Ohren- und Augenpaare mehr Informationen mit nach Hause bringen, kann es nützlich sein, Sie nehmen eine Person Ihres Vertrauens mit zu einem solchen Termin. Auf alle Fälle natürlich Ihren Partner, wenn Sie planen, gemeinsam in so ein Heim zu ziehen. Aber auch eines Ihrer Kinder oder ein Freund oder eine Freundin wären möglicherweise gute Begleiter. Da es sich bei diesen Dingen um sehr persönliche Fragen handelt, sollten Sie es sich allerdings vorher gut überlegen, wen sie tatsächlich dabei haben wollen.

Mein Mann und ich haben diese Entscheidungsphase gemeinsam durchlaufen. Unsere Kinder setzten wir davon erst in Kenntnis, nachdem wir uns bereits entschieden hatten. Sie nahmen die Neuigkeit ausnahmslos begeistert auf, ich schätze, sie waren auch ein Stück weit erleichtert, dass sie diese schwierige Entscheidung nicht einmal für uns treffen müssen.

Es ist also eine sehr persönliche Sache, ob Sie Ihre Gedanken und Überlegungen mit jemandem teilen möchten oder lieber nicht. Ein Patentrezept gibt es dafür nicht.

Das Ergebnis wird sicher sehr unterschiedlich ausfallen. Zum Beispiel werden manche sagen: »In ein so großes Haus gehe ich nicht. Das sind mir zu viele Menschen.« Dafür hätte ich großes Verständnis. Aber es gibt ja auch kleinere Einrichtungen. In der Nähe unseres Refugiums in Niederbayern gibt es ein unendlich sympathisches Altenheim mitten im Ort. Eine frühere Nachbarin von uns ist dort untergebracht und fühlt sich außerordentlich wohl. Die Pflegerinnen sind von einer Liebenswürdigkeit, die ich nur bewundern kann. Sie sehen, es gibt also ganz unterschiedliche Möglichkeiten, und das Wichtige ist herauszufinden, was am besten zu einem passt.

Wie schon erwähnt ist die Atmosphäre, die in einem Haus herrscht, mit welchem Respekt das Pflegepersonal mit den Bewohnern umgeht, äußerst wichtig. Ich persönlich genieße das hier sehr, die allgemeine Höflichkeit, die Liebenswürdigkeit, ohne je plump oder vertraulich zu werden. Hier sagt niemand: »Ja, wo gehen wir denn jetzt wieder hin?« Dieses entmündigende »Wir«, das einen auf die Ebene eines Kindes reduziert. Und man muss schon sagen, dass das Personal eines Wohnstifts jeden Tag eine Menge zu hören bekommt, vor allem die Frauen am Empfang. (Es gibt ja auch Wohnstifte, die gar keinen Empfang haben.) Die erhalten täglich Hunderte Anrufe von Halbverwirrten oder Anspruchsvollen mit diesen oder jenen Wünschen. Und niemals habe ich auch nur ein einziges unfreundliches Wort gehört. Das sind Dinge, auf die man achten muss. Und ich möchte betonen, dass dieser Umgang mit den Menschen nicht etwas ist, das vom Preis eines Heimes abhängt. Bei uns entspringt der respektvolle Umgang einer christlichen Grundhaltung, mit der unsere Einrichtung bereits gegründet wurde.

Ein anderer Punkt, der für uns im Alter sehr wichtig geworden ist, sind getrennte Schlafzimmer. Loki Schmidt wurde einmal nach dem Geheimnis ihrer guten Ehe befragt und sagte nur: »Getrennte Schlafzimmer!« Die Verfügungsgewalt über den ureigenen Bereich, das wird immer wichtiger. Denn machen wir uns doch nichts vor, man stört sich einfach, jeder hat andere Bedürfnisse. Ich zum Beispiel schlafe fast nie die ganze Nacht durch, und statt neben meinem Mann wachzuliegen, um ihn nicht zu stören, lese ich dann immer mal wieder eine Stunde. Und das geht vielen älteren Leuten so. Darum sollte man das durchaus für sich in Erwägung ziehen und nicht davor zurückschrecken, weil »man« das nicht tut oder aus sonstigen Gründen. Ich finde, darauf sollten die Architekten bei der

Planung von Wohnstiften mehr Rücksicht nehmen und lieber den Wohnraum etwas kleiner gestalten, dafür aber zwei Schlafzimmer einplanen, auch wenn sie klein ausfallen mögen.

Wenn bei einem Ehepaar beispielsweise ein Partner pflegebedürftiger ist als der andere, dann kann man auch in Erwägung ziehen, statt eines Doppelzimmers oder einer Zweizimmerwohnung zwei Einzelappartements zu nehmen. Dafür gibt es bei uns im Haus zahlreiche Beispiele, und natürlich bemüht sich die Leitung, Ehepaare dann direkt nebeneinander oder einander gegenüber unterzubringen. Wichtig ist, dass Sie sich genau überlegen, was Sie am liebsten hätten, und sich dabei in keiner Weise einschränken. Denn es sind Ihre Jahre, die Sie im Wohnstift oder Pflegeheim verbringen, es ist Ihr Leben, und keiner weiß besser, was Sie sich wünschen, als Sie selbst.

Wenn Sie das Gefühl haben, Sie schaffen es nicht allein, das Ganze wächst Ihnen über den Kopf, dann wagen Sie den Schritt und bitten Sie um Hilfe. Ich selbst begleite im Moment eine Freundin, die viele Jahre lang allein gewohnt hat und es sich nie vorstellen konnte, ihr eigenes, wunderschönes Haus einmal zu verlassen. Eigentlich schien auch alles gut organisiert für ihr Älterwerden, es gibt eine freundliche, verständnisvolle Frau in der Nachbarschaft, die sich wunderbar um sie gekümmert hat. Doch irgendwann kam der Tag, an dem diese Hilfe nicht mehr ausreichte. Da ich meine Freundin seit Langem kenne, wusste ich, dass Zureden bei ihr gar nichts helfen würde. Also lud ich sie eines Tages zu uns ein. Als sie sah, wie schön wir es hier haben, beschloss sie spontan, ihr Haus aufzugeben und ebenfalls hier einzuziehen. Auch die größere Nähe zu mir spielte dabei eine Rolle. Tausend Worte hätten nicht erreicht, was ein einziger Besuch bewirken konnte. Heute versuche ich sie so gut es geht dabei zu unterstützen, ihren Haushalt aufzulösen und alles zu organisieren. So etwas fällt mir noch immer leicht, und ich hoffe, wir können in den nächsten Monaten alles gut über die Bühne bringen.

Wer bestimmte Dinge für sich von vornherein kategorisch ausschließt, der schneidet sich selbst ein Stück weit vom Leben ab. Denn Leben bedeutet Veränderung, und es ist sinnlos, sich dagegen zu stemmen. Auch wer nicht in ein Wohnstift ziehen möchte, muss sich auf Veränderungen gefasst machen. Sollte eine Pflege notwendig werden und diese ambulant, also zu Hause, organisiert werden, dann ergeben sich von allein Veränderungen. Holt man sich eine Pflegerin ins Haus, bedeutet das eine Erweiterung der Familie. Zieht man zu den Kindern, ist das ebenfalls ein signifikanter Schritt weg von dem Gewohnten. Wenn man sich das einmal vor Augen führt, dann schwindet vielleicht mancher Widerstand, und man ist eher bereit, sich mit kühlem Kopf mit der Thematik auseinanderzusetzen.

Es lohnt durchaus, sich einmal zurückzulehnen und sein Leben dahingehend zu überprüfen, wie man früher mit Veränderungen umzugehen pflegte. Haben Sie die als Bedrohung empfunden? Oder als Herausforderung und Chance? Erinnern Sie sich daran, welche Entscheidungen Sie früher getroffen haben und wie Sie die im Nachhinein beurteilen. Dann werden Sie sehen, dass Sie in Ihrem Leben durchaus in der Lage waren,

Veränderungen zu meistern und Ihr Leben selbst zu gestalten. Warum sollte das heute anders sein?

Das Positive an Veränderungen ist, dass man immer noch etwas Neues lernt. Ich bin unter dem Sternzeichen Zwillinge geboren, und denen sagt man ja direkt eine Veränderungssucht nach. Bei mir mag das zutreffen, ich habe es gern, wenn hin und wieder etwas Neues kommt. Das Gute an Veränderungen ist auch, dass man gelassener wird. Und vielleicht auch ein bisschen souveräner. Man bekommt mit der Zeit heraus, worüber es sich tatsächlich lohnt, sich aufzuregen, und worüber nicht.

Mein Leben war geprägt von Veränderungen und ich habe das immer als Herausforderung genommen. Ich weiß noch gut, als wir damals so überraschend nach Berlin gingen, weil mein Mann Regierender Bürgermeister dort wurde. Ich vertrat immer den Standpunkt, dass man seinem Partner keine Steine in den Weg legen darf, wenn er das Gefühl hat, er sollte etwas machen, das mit Konsequenzen verbunden ist, die einem selbst vielleicht zunächst einmal nicht behagen. Darum habe ich ihn damals bei seiner Entscheidung in keiner Weise beeinflusst, als er mich fragte, was ich davon halte. Und ich sagte, wenn du das Gefühl hast, dass du das machen solltest, dann musst du es tun. Ich selbst dränge mich nicht dazu, aber wenn es wichtig ist, dann machen wir das. Und so konnte er sich freien Herzens entscheiden.

Innerhalb von 24 Stunden haben wir also die Zelte in München abgebrochen. Das war ein Abenteuer, es galt, auf die

Schnelle eine Wohnung zu finden und alles zu organisieren. Aber genau das hat mich auch immer gereizt. Es ist sehr befriedigend gewesen zu sehen, wie ich mit dieser neuen Herausforderung fertig wurde. Wenn mein Mann in eine neue Wohnung kam, dann stand sein Schreibtisch für ihn bereit und darauf eine Rose.

Meine Tochter hat mir damals das Gedicht »Stufen« von Hermann Hesse kopiert. Diese berühmten Verse habe ich mir oft vorgesagt:

> *... und jedem Anfang wohnt ein Zauber inne,*
> *der uns beschützt und der uns hilft, zu leben ...*

Und am Ende:

> *... wohlan denn Herz, nimm Abschied und gesunde!*

Ich beobachte jetzt im Bekanntenkreis, dass Menschen, die in ihrem bisherigen Leben nicht so vielen Veränderungen ausgesetzt waren, sich schwerer tun mit einer mutigen Entscheidung im Alter, zum Beispiel für ein Altenheim oder sonst eine Form des Wohnens im Alter, die von dem abweicht, was sie zuvor all die Jahre gewöhnt waren.

Darum ist es bei dieser Entscheidung wichtig, dass man den Schritt vollzieht, solange man noch offen ist für Neues. Denn es wäre schade, wenn man nicht mehr die Kraft oder den Willen hätte, die mannigfaltigen Möglichkeiten, die sich einem dann erschließen, wahrzunehmen und zu genießen.

Auch dies spricht für einen Umzug zu einer Zeit, in der Hilfe und Pflege noch nicht wirklich benötigt werden. So hat man eine optimale Eingewöhnungszeit, Gelegenheit, Nutzen aus den Angeboten zu ziehen und Freundschaften zu schließen, die einem später, wenn es einem nicht mehr so gut geht, wichtig sein werden.

Man lässt zwar etwas zurück, aber wie immer im Leben gewinnt man auch etwas dazu. Es ist zwar nicht mehr das Gleiche, aber etwas Neues. Wie man damit umgeht und was man gewinnt, das hängt zu einem maßgeblichen Teil von einem selbst ab.

KAPITEL 7

Schluss mit den Tabus

Daher wird das Alter, wenn es wie heute den Tod verdrängen will
und von ihm wegschaut, sinnleer und eine Karikatur seiner selbst,
nicht zuletzt, weil es dann seine menschliche Aufgabe, nämlich der nächsten,
der nachfolgenden Generation das Sterben vorzuleben, versäumt.
Joachim Bodamer

Voraussetzung dafür, Veränderungen auch im Alter noch als Chance zu erleben, ist eine realistische Betrachtungsweise der Fakten. Dafür ist es mitunter notwendig, mit ein paar möglicherweise lieb gewonnenen Tabus ein für alle Mal aufzuräumen.

Am liebsten gar nicht daran denken

Keiner gibt es gern zu, aber wenn es um Themen geht, die uns unangenehm sind, dann sind wir Weltmeister im Verdrängen. Die Altenheime sind voller Menschen, der Bestand reicht bei Weitem nicht mehr aus, sodass neue gebaut werden, doch »mich wird es schon nicht treffen«. Ich kenne viele, die sagen, »nein, das brauche ich nicht, ich sterbe einmal ganz plötzlich«. Dieser Überzeugung sind nicht wenige Menschen. Dabei müsste eigentlich jedem klar sein, dass er damit nicht rechnen kann, sondern vielmehr darauf gefasst sein muss, dass er hilfsbedürftig wird und andere braucht.

Es ist sinnvoll, sich dafür eine Umgebung zu schaffen, die einem dann angenehm ist. Uns war es wichtig, dass wir so lange wie möglich darüber bestimmen können, was mit uns passiert als auch wie es geschieht.

Denn Verdrängen wird uns einmal wenig bringen, wenn wir daliegen und hilflos dem ausgeliefert sind, was andere über uns entscheiden. Fürchten viele, sich auszuliefern, wenn sie in ein Wohnstift oder in eine Wohngemeinschaft mit Betreutem Wohnen oder in ein Pflegeheim gehen, so tun sie es viel eher, indem sie die Verantwortung abgeben, die Entscheidung aufschieben und die Notwendigkeit dafür verdrängen. Ich denke, wenn diese Verdrängungsfalle einmal erkannt ist, tun sich viele Menschen leichter damit, entsprechende Vorkehrungen zu treffen.

Bloß keine Schwäche zeigen

Viele Menschen tun sich schwer damit, zu akzeptieren, dass im Alter manches nicht mehr so ist wie früher. Dann lautet das Tabu: Ich darf auf keinen Fall zugeben, dass ich bestimmte Dinge nicht mehr kann, denn dann werde ich nicht mehr ernst genommen und nicht mehr geliebt.

Hier stellen sich ein paar wichtige Fragen: Von wem denn glaube ich, dann nicht mehr ernst genommen zu werden? Von den Menschen, die mir nahestehen und die mich lieben? Werde ich denn nur ernst genommen, wenn ich in allem perfekt bin?

Liebe hat nun aber gerade die wunderbare Eigenschaft, dass sie nicht an Bedingungen geknüpft ist. Oder seien Sie einmal ehrlich: Lieben Sie Ihren Partner oder Ihre Kinder nur, wenn diese bestimmte Kriterien erfüllen?

Es macht Menschen erst wirklich liebenswert, wenn sie bereit sind, auch zu ihren Schwächen zu stehen. Wenn sie nicht immer alles am besten können und wissen müssen. Haben wir früher an älteren Menschen nicht gerade das oft bedauert: dass sie immer das letzte Wort haben mussten, immer alles besser wussten, nur weil sie ein paar Jahre mehr auf dieser Erde herumgegangen waren als wir? Zu solchen Neunmalklugen und Besserwissern wollen wir ja wirklich nicht zählen.

Also dürfen wir auch getrost zugeben, welche Fähigkeiten bei uns nachlassen. Es macht aus uns keinen weniger wertvollen Menschen, wenn wir eine große Bergtour nicht mehr bewältigen und nicht mehr so Auto fahren können wie vor 20 Jahren. Ob unser Gehör schlechter ist und wir uns viele Dinge nicht mehr merken können. Wir bleiben doch immer dieselben und verlieren durch diese Einschränkungen kein bisschen an Wert. Im Gegenteil, unsere Umgebung wird auf diese Veränderungen mit Liebe und Gelassenheit reagieren, wenn wir sie selbst gelassen und mit Humor anzunehmen bereit sind.

Wir müssen uns einmal fragen, was unseren Wert eigentlich ausmacht. Berufstätige Menschen, die in das Rentenalter eintreten, müssen sich diesem Thema bereits mit Mitte 60 stellen. Ich betreibe seit Langem rein prophylaktisch Gedächtnistraining und habe dabei festgestellt, dass die meisten Teilnehmer in einem solchen Kurs Männer waren, die eben in Pension gegangen sind. Offenbar herrschen hier große Ängste vor, nämlich die abzubauen, nicht mehr richtig »zu funktionieren« und mit dem Übergang ins Rentenalter auch automatisch schneller zu altern.

Was macht ein Mensch, der ein Leben lang seinen Wert darin bemessen hat, Karriere zu machen, Dinge zu bewegen und möglichst viel Geld zu verdienen, wenn er von der Gesellschaft in die Rente geschickt wird? Sie sehen, die Frage nach der Quelle für den eigenen Selbstwert stellt sich nicht erst mit der nach der besten Wohnform im Alter, sondern bereits viel früher. Hat man sie aber für sich nicht geklärt, dann holt sie einen spätestens dann wieder ein, wenn jemand in der eigenen Umgebung sagt: »Wie wäre es denn mit einem Wohnstift.« Denn wenn man sich auch als sogenannter rüstiger Rentner noch ein paar Jahre um diese Frage herumgemogelt hat, vielleicht viel auf Reisen war oder in Heim und Hof gezeigt hat, dass man noch lange nicht zum »alten Eisen« gehört, dann hört sich das »in ein Heim gehen« endgültig wie ein Abstellgleis, eine Endstation an. Aber das ist lediglich unsere eigene Interpretation, weiter nichts.

Für mich ist das ein ganz abwegiger Gedanke. Vielleicht liegt es daran, dass ich mein ganzes Leben lang »ehrenamtlich verbracht« habe. Karriere im herkömmlichen Sinn habe ich also nie gemacht und Geld habe ich auch nicht verdient. Dennoch hatte ich nie Probleme mit meiner eigenen Wertschätzung. Ich bin ein sehr realistischer Mensch, nüchtern, und das manchmal fast bis zur Kränkung, jedenfalls sagte das einmal mein Mann vor vielen Jahren. Er dagegen ist ein unverbesserlicher Optimist und wahrscheinlich aus diesem Grund auch mit Leib und Seele Politiker. Ich denke also, dass ich ein gesundes Gefühl dafür habe, was mein Selbstwertgefühl anbelangt, und das speist sich aus anderen Dingen als aus einer Karriere. Um

Ihnen zu zeigen, wie erfüllend und sinnstiftend ein solches Leben außerhalb der Karrierenorm sein kann, möchte ich Ihnen aus meiner Zeit bei einem Ehrenamt berichten, das mich viele Jahre meines Lebens beschäftigt und erfüllt hat.

Exkurs: Von meiner Arbeit in der Pfennigparade

Als meine beiden Töchter neun und zwölf Jahre alt waren, hatte ich das Gefühl, dass es nicht mehr nötig war, immer zu Hause zu sein. Und da das Lehrfach nicht meine erste Berufswahl gewesen war und mich nicht sehr verlockte, suchte ich nach einer Beschäftigung, die sich mit einem Haus, dem Haushalt und mit relativ vielen gesellschaftlichen Verpflichtungen vereinbaren ließ. Da ging ich ins Rathaus in München zum Oberbürgermeister Vogel, meinem späteren zweiten Mann. Ich fragte ihn, ob er mir etwas raten könne. Zunächst wollte er mich dazu überreden, in eine politische Partei einzutreten und mich dort zu engagieren. Es müsse ja nicht unbedingt die SPD sein, sagte er damals und lachte, die FDP ginge ja auch noch.

Doch das war es nicht, was ich wollte. Ich suchte nach einer ehrenamtlichen Betätigung, die direkt mit Menschen zu tun hatte und ein deutliches Ergebnis sehen ließ. Er überlegte und meinte, dass dann für mich die Pfennigparade das Richtige sein könnte. Er könne sich vorstellen, dass mir diese Arbeit Spaß machen würde.

Die Pfennigparade war damals noch ein kleiner Verein, der bereits kurz nach Kriegsende von einem amerikanischen Offizier in München nach dem Beispiel des »March of Dimes« von Präsident Franklin D. Roosevelt gegründet worden war. Roosevelt litt ja selbst an Kinderlähmung, und so sollte dieser Verein zunächst einmal ausschließlich Poliopatienten helfen. Es gab in München damals ein Büro und eine Beratungsstelle, die Betroffenen Rat und finanzielle Hilfe über ganz Bayern anboten. Dort ging ich also hin und wurde unter die Lupe genommen. Man war von mir angetan, und besonders praktisch war, dass ich ein Auto hatte und es mir nichts ausmachte, übers Land zu fahren und dort Patienten zu besuchen.

So fing ich also an, zunächst unter den Fittichen der Geschäftsführerin und später allein, Besuche in ganz Bayern abzustatten. Es ging darum, sich persönlich ein Bild über Antragsteller zu machen, bei denen man sich über die Situation nicht ganz im Klaren war. Für mich war das ungeheuer spannend, ich kam auf diese Weise mit Menschen und deren Schicksalen in Berührung, wie es mir sonst nie möglich gewesen wäre. Ob das ein Einödhof in Niederbayern war oder irgendeine Vorstadt-Dachwohnung, in der einer im Rollstuhl saß – jeden Tag lernte ich eine neue Geschichte kennen und machte mir in kurzer Zeit ein Bild von der Lebenssituation ganz unterschiedlicher Menschen. So wurde ich mehr und mehr in diese Arbeit eingebunden. Ich schrieb nach meinen Hausbesuchen Berichte, bearbeitete die Post und schließlich pendelte es sich so ein, dass ich in der Woche zwei Tage regelmäßig für den Verein tätig war. In zunehmendem Maße wurde ich an wichtigen Entscheidungen beteiligt, machte Vorschläge, was im einzelnen Fall zu machen sei.

In jenen Jahren plante die Pfennigparade bereits ein Wohnhaus für Körperbehinderte, und auch dieses Projekt war für mich sehr spannend. 1969 schließlich war es so weit, und das Haus mit Einheiten von Ein- bis Vierzimmerwohnungen konnte eingeweiht werden. In diesem Haus waren die Körperbehinderten selbst Mieter, auch die Kinder als Anspruchsberechtigte. Wie aus einer Keimzelle ist hieraus über die Jahre alles Weitere erwachsen.

Die Idee zu diesem Wohnhaus entstand, weil es in den Jahren 1960 und 1961 nochmals zwei schwere Kinderlähmungsepidemien in Bayern gab. Im Schwabinger Krankenhaus wurde eine Station für jene Kinder mit Atemlähmungen eingerichtet, die aufgrund ihrer Krankheit nicht zu Hause leben konnten. Damit die Kinder dennoch eine Schulbildung erhielten, verpflichtete die Pfennigparade Lehrer, die dort für sie Schulunterricht hielten.

Dann wurde der Gedanke geboren, dass man die Kinder, die ja nicht im herkömmlichen Sinn krank waren, aus dem Krankenhaus herausholen und sie wieder, so gut es ging, in ihre Familien integrieren müsse. So wurde eine Atemstation eingerichtet, auf der Schwerstbehinderte rund um die Uhr lebten, während Kinder, die nur nachts beatmet werden mussten, tagsüber bei ihrer Familie wohnen konnten.

Über die Jahre erwuchs das eine aus dem anderen: Wenn die Kinder die Schule beendet hatten, musste man dafür sorgen, dass sie eine weiterführende Schule besuchen konnten. Die gab es damals für diese Art von Behinderung noch nicht, also haben wir selbst eine solche gegründet. Inzwischen geht das bis zur Fachhochschulreife und mittlerweile wird auch »integriert«, das heißt gemeinsam mit nicht behinderten Kindern, unterrichtet. Dann kamen Werkstätten verschiedener Art dazu, und schließlich wurde ein EDV-Abteilung eingerichtet. Siemens und BMW vergaben Aufträge an diese Programmierabteilung und unterstützen damit heute noch diese Initiative. Inzwischen ist das ein Großunternehmen mit 700 behinderten Beschäftigten in München und einigen Filialen und Außenstellen in ganz Bayern geworden.

Zunächst war ich also im Büro tätig, aber nachdem das Haus gebaut war, habe ich drei Tage die Woche Sozialarbeit geleistet. Die Kenntnisse dafür habe ich mir alle selbst angeeignet, mithilfe von Sozialarbeiterinnen. Zu diesem Zeitpunkt war ich schon Mitglied im Vorstand. Schließlich wurde der Verein zu groß und in eine Stiftung umgewandelt, in dessen Rat ich Mitglied wurde.

Leider habe ich meine aktive Tätigkeit einstellen müssen, weil ich ab 1972 doch häufig in Bonn bei meinem Mann war, der damals Mitglied des Bundestags wurde. Und diese intensive Beratungstätigkeit kann man nur machen, wenn man verlässlich vor Ort ist. Im Stiftungsrat blieb ich aber insgesamt 30 Jahre und habe in der ganzen Zeit ein einziges Mal die Stiftungsratssitzung versäumt. Obwohl ich mit meinem Mann für drei Jahre nach Berlin ging und anschließend neun Jahre nach Bonn. Ich engagiere mich nur dann, wenn ich auch wirklich sagen kann, dass ich das ordentlich mache. Ein bisschen Engagement hier und ein bisschen Schirmherrschaft dort, das habe ich nie gewollt. Entweder richtig oder gar nicht, das ist meine Devise.

Schließlich schied ich aufgrund eines Beschlusses aus, den ich selbst mit herbeigeführt hatte, nämlich dass sich Stiftungsratsmitglieder ab dem 70. Lebensjahr nicht wieder zur Wahl stellen sollten. Ich hätte mit 69 nochmals kandidieren können, aber das wollte ich nicht. Der Stiftungsrat ist so zusammengesetzt, dass seine Mitglieder unterschiedlichen Branchen angehören, was sich insgesamt für die Sache als recht nützlich erweist. Und ich fand, dass es an der Zeit war, dass sich Jüngere engagieren konnten.

In unserer Gesellschaft muss meiner Meinung nach ein Umdenken stattfinden. Der Mensch darf sich nicht so unglaublich nur aus der Arbeit, und damit meine ich die bezahlte Arbeit, definieren. Und wenn das einmal gelungen ist, dann wird vieles leichter. Die Wahrnehmung und Wertschätzung des Ehrenamtes ist auf einem guten Wege. Viele Menschen unterschätzen, was einem persönlich eine ehrenamtliche Betätigung geben kann. Und dass eine solche Arbeit durchaus gleichwertig zu betrachten ist wie eine bezahlte.

Mein Engagement bei der Pfennigparade hat mir all die Jahre sehr viel Freude gemacht. Ich durfte so viel lernen, erhielt Einblicke in unzählige Schicksale. Es ist etwas ungeheuer Befriedigendes, wenn am Ende einer solchen Arbeit so viele greifbare Ergebnisse da sind.

So gesehen muss man sich, auch im Alter, nicht langweilen. Je nach Fähigkeiten kann man sich immer nützlich machen, wenn der Wunsch danach da ist und wenn man es für sein inneres Wohlbefinden braucht.

Es gibt so viele Ruheständler, die haben ein großes Wissen angesammelt, und wenn sie sich danach umschauen, finden sich viele Gelegenheiten, um dieses weiterzugeben. Inzwischen gibt es sogar zahlreiche Vereine und Institutionen, die solche Aufgaben vermitteln. Wenn sich jemand noch sehr fit fühlt, für den gibt es den »Senior Expert Service«, der pensionierte Spezialisten quer durch die ganze Welt schickt. Vor vielen Jahren lernte ich einmal in China einen Ingenieur kennen, der sich auf diese Weise engagierte. Und im Bayerischen Staatsministerium für Unterricht und Kultus gab es einen Ministerialdirektor, der hat nach seiner Pensionierung in China weitgehend das Berufsschulsystem mit aufgebaut.

Sicherlich, dies mögen Einzelfälle sein. Aber auch ohne spezielle Fachkenntnisse kann man sich engagieren. Da gibt es zahllose Möglichkeiten. Man muss sich eigentlich nur in seiner nächsten Umgebung umsehen, und man wird Kinder antreffen, denen man Nachhilfe geben, Kranke oder Sehbehinderte, denen man vorlesen kann, junge Familien, die von Zeit zu Zeit eine liebevolle Kinderbetreuung brauchen, und so weiter und so fort. Bei uns im Haus ist es so, dass fast alle, die schon länger da sind, mindestens zwei andere Personen haben, um die sie sich kümmern.

Wichtig bei einem solchen ehrenamtlichen Engagement ist herauszufinden, was uns selbst Freude machen könnte, wo unsere Fähigkeiten liegen oder vielleicht auch, was wir immer schon mal machen wollten, aber wofür nie Zeit war. So haben alle etwas davon, wenn diese Tätigkeit unseren Neigungen und unserem Können entspricht. Dafür müssen wir uns nur das passende Umfeld schaffen. So können wir es als einen Vorteil sehen, dass die Berufzwänge weggefallen sind und wir uns selbstbestimmt engagieren können.

Auf diese Weise bleibt man selbst noch beweglich, und zwar körperlich wie mental. In einer Gesellschaft, in der man sich grundsätzlich durch materielle Güter definiert, ist es wichtig, durch ein Ehrenamt Zeichen zu setzen, wenn man eine ausreichende Rente bezieht und das Geld nicht mehr unbedingt nötig hat.

Also ich denke, niemand muss zu Hause sitzen und sich langweilen.

Auch in einem Wohnstift gibt es zahlreiche Gelegenheiten, sich einzubringen. Nur wer sich selbst auf ein »Abstellgleis« manövriert, landet in der berühmten Sackgasse. Es kommt darauf an, wie man sich selbst seine Weichen stellt.

Tatsächlich ist die Möglichkeit, in eine Einrichtung zu ziehen, die speziell für die Bedürfnisse von alten Leuten konzipiert wurde, ein ungeheurer Luxus, den es in vielen Ländern gar nicht gibt. Ich entsinne mich noch gut einer türkischen Delegation, mit der ich zu der Zeit, als mein Mann Regierender Bürgermeister in Berlin war, ein Altenheim besuchte. Die waren fassungslos, so etwas gab es bei ihnen zu Hause nicht. Und noch heute ist es in der Türkei üblich, dass alte Menschen von ihren Verwandten gepflegt werden, ob die das nun können und wollen oder nicht. Bei Pflegebedarf den Rest seiner Tage in einem abgedunkelten Schlafzimmer zu verbringen, auf Gedeih und Verderb einer Tochter oder Schwiegertochter ausgeliefert zu sein – ob sich das diejenigen wünschen, die sich vehement dagegen wehren, die Diskussion um eine Veränderung der Wohnsituation, wie auch immer sie aussehen mag, auch nur zuzulassen?

Und da sind wir schon bei einem weiteren Punkt angelangt, der in manchen Familien zu einem Tabu geworden ist. Eine junge Frau fasste dies in folgendem Satz zusammen:

Wir reden über alles, nur nicht über die wirklich wichtigen Dinge

Offenbar kommt das in den besten Familien vor. Niemand traut sich, Themen anzusprechen, die längst überfällig sind. Die Vergesslichkeit des Vaters hat im letzten halben Jahr deutlich zugenommen. Sollte er nicht einen spezialisierten Arzt aufsuchen? Keiner will das Thema als Erster ansprechen. Und wagt es doch einmal einer, dann erntet er eine rüde Antwort. Und das alles aus Angst vor einer unliebsamen Diagnose. Da steckt man nach Vogel-Strauß-Manier lieber den Kopf so lange in den Sand, bis es nicht mehr anders geht – und oft zu spät für eine Therapie ist.

Dies ist nur ein Beispiel. Es gibt aber viele Tabuthemen dieser Art. Bei der Tochter, die in unserem Haus ihre Mutter jahrelang bis zur Selbstaufgabe pflegte – hätte sie eines Tages gesagt, dass sie es nicht mehr allein schafft, wäre ein Tabu gebrochen worden. In diesem Fall lautet es: Eine gute Tochter pflegt nun mal ihre Mutter, dazu ist sie von Natur aus verpflichtet.

Das muss meiner Meinung nach nicht sein. Ich persönlich hätte nicht von einem meiner Kinder derart abhängig werden wollen. Das soll nichts über meine Kinder aussagen, sondern das sagt etwas über mich. Ich hätte das nicht gewollt, davon abgesehen, dass eine Altenbetreuung oder möglicherweise -pflege in das Leben unserer Kinder überhaupt nicht passt. Und seien wir einmal ehrlich: In welches junge Leben passt das schon?

Viele Menschen, deren Eltern sich dem achten oder neunten Lebensjahrzehnt nähern, sind voller Sorge, wie es weitergehen soll. Doch das Thema Altenheim oder Alternativen dazu wagen viele nicht anzuschneiden. Da ist die Angst, zu verletzen oder missverstanden zu werden. Dass die Eltern meinen könnten, man will sie abschieben. Genauso gut kann ein Elternteil auch fürchten, offen auszusprechen, dass es nicht gern bei einem der Kinder wohnen möchte. Dies könnte ebenso ein Tabu sein, man will den anderen ja nicht vor den Kopf stoßen. Und am Ende hat jeder das Gefühl, sich dem anderen zuliebe aufzuopfern, nur weil man nicht wagt, zu dem zu stehen, was man sich wirklich wünscht.

Lösungen für Probleme können aber oft im gemeinsamen, liebevollen Gespräch gefunden werden. Dafür muss man zunächst einmal die Tatsache anerkennen, dass es ein Problem gibt oder in der Zukunft geben könnte.

Vielleicht ist es eine gute Möglichkeit, von Beispielen aus dem Bekanntenkreis zu erzählen. Der oder die hat eine Entscheidung getroffen. So wie im Nachhinein unser Beispiel offenbar eine Menge Menschen dazu angeregt hat, das Thema auch für sich zu erörtern. Und dann kann man die Frage anschließen: Wie siehst du das eigentlich? Habt ihr euch schon mal Gedanken gemacht, wie ihr es gern hättet? Auf diese Weise kann der Prozess in Gang kommen, falls er nicht schon begonnen hat.

Als wir damals den Vorvertrag mit unserer Einrichtung abschlossen, hatten wir gerade Besuch von guten Freunden. Die waren nahezu entsetzt von unserem Vorhaben. Unser Freund, ein erfolgreicher Anwalt, war der Ansicht, dass seine Kinder sich um ihn kümmern sollten, wenn das einmal nötig sei.

Schließlich habe er sein Leben lang eine Menge für sie getan. Ob seine Kinder das wussten und damit einverstanden waren, das weiß ich nicht. Jedenfalls fürchte ich eine Menge Konflikte auf unseren Freund zukommen, zum einen, weil er von seinen Kindern gepflegt werden möchte, aber im Besonderen deshalb, weil er mit ihnen darüber noch nie gesprochen hat.

Offenheit zwischen Menschen, die sich nahestehen, zwischen Ehepartnern und Eltern und Kindern, ist das Wichtigste überhaupt. Davor steht aber noch die Offenheit und Ehrlichkeit sich selbst gegenüber. Nur wer sich selbst gewisse Dinge nicht eingestehen will und sich selbst belügt, der muss sich mit Vehemenz dagegen wehren, der Realität ins Auge zu sehen. Einmal abgesehen davon, wie viel Sorge man seinen Angehörigen durch eine vertrauensvolle Atmosphäre abnehmen könnte, die ein offenes Gespräch ermöglicht, verbauen sich diese Menschen selbst die Chance für eine optimale Planung der Lebensphase im Alter. Und das ist bedauerlich.

Der Umgang mit dem Tod

Den Tod umgibt das größte Tabu überhaupt. Es gibt Menschen, die weigern sich, in ein Wohnstift oder in ein Pflegeheim zu ziehen, weil sie das als eine Art Vorstufe zum Sterben ansehen. Das hängt damit zusammen, dass man von einem solchen Haus aus normalerweise nicht mehr woanders hinzieht, dass es wahrscheinlich die letzte irdische Wohnung ist. Und die nächste Station ist demnach der Tod.

Das ist insofern töricht, als der Tod ja nicht eher eintritt, ob wir zu Hause bleiben oder uns entscheiden, in ein Pflegeheim oder ins Betreute Wohnen zu gehen. Natürlich ist es wichtig, dass wir die letzten Jahre unseres Lebens in einer Umgebung verbringen, in der wir uns so wohl wie möglich fühlen. Das können die eigenen vier Wände sein, das kann aber auch ein Pflegeheim sein. Es gibt viele verschiedene Formen dafür, und es ist wichtig, das Richtige für sich selbst zu finden. Für den einen ist das eigene »Heim« besser, der andere würde dort vereinsamen und die Gesellschaft in einem Wohnstift wäre für ihn günstiger. Es gibt nicht von vornherein das Richtige oder das Falsche. Das Einzige, was wirklich schlecht ist, ist den Kopf in den Sand zu stecken und so zu tun, als seien wir unsterblich.

Wir lernen viel im Leben, aber auf den Tod bereitet uns nichts und niemand vor. Wir haben ihn aus unserem täglichen Leben gestrichen, wir reden nicht über ihn, und doch ist der Tod das, was ausnahmslos jeden Menschen erwartet. Und trotzdem denkt jeder, ihn persönlich gehe das Thema nichts an. Ist das nicht grotesk?

So wie die Zeichen des Alters in unserer Gesellschaft ausgemerzt sind, wenn wir Alten in der Werbung mit trügerischen Bildern umgaukelt werden, so kommt der Tod selbst überhaupt nicht mehr vor.

»Ich sterbe einmal im Schlaf«, sagte mir doch allen Ernstes erst vor Kurzem ein Bekannter. Ich sah ihn staunend an. Woher, fragte ich mich, hat er diese Gewissheit? Ich habe keine Ahnung, wie mir der Tod einmal begegnen wird. Die Statistik sagt, vermutlich im Krankenhaus. Auch wenn mir das gar nicht passt. Es steht nun einmal fest: Außer im Falle des Freitods können wir uns die Art des Sterbens nicht aussuchen.

Viele Menschen hoffen also auf das, was ich die »Luxusvariante des Todes« nenne. Einfach einschlafen und nicht mehr aufwachen. Oder ruckzuck bei einem Autounfall. Ein berühmter Schauspieler sagte neulich, er wünsche sich, auf der Bühne zu sterben während einer Vorstellung. Mitten aus dem Leben zu gehen, ja, das wäre schön und würde uns allen gefallen. Aber wahrscheinlich ist es nicht, dass es so sein wird.

Besser, wir finden uns damit ab und sehen der Realität ins Auge. Jeder, der Sterbebegleitung macht, wird Ihnen bestätigen, dass das Sterben ein mühevolles Geschäft ist. Ich habe sowohl meinen Vater als auch meine Mutter die letzten Tage und Stunden begleitet. Über meinen eigenen Tod mache ich mir keine Illusionen. Ich weiß nur eines mit Sicherheit: Ich möchte einmal vorbereitet sein und, so gut es geht, die Umstände vorher bestimmen.

Wir wohnten gerade ein halbes Jahr im Wohnstift, als ich eine Erfahrung hatte, die mich dem Tod sehr nahe brachte. Aus heiterem Himmel erlitt ich einen Schlaganfall. Ich war mit einem meiner Enkel in der Stadt verabredet. Zuvor kaufte ich in einem Haushaltswarenladen noch eine Kleinigkeit, einen Teestrumpf. Seltsam, wie einem nach solchen einschneidenden Erlebnissen jedes Detail im Gedächtnis haftet. Auf einmal wurde mir schwindelig und schwarz vor den Augen.

Ich verdanke es der Geistesgegenwart einer wildfremden Frau, die unverzüglich den Notarzt rief, dass dieses Unglück keinerlei Spuren bei mir hinterließ. Eine Viertelstunde nach dem Auftreten der ersten Symptome befand ich mich bereits im Krankenhaus. Und das ist ja bei einem Schlaganfall das

Allerwichtigste, die Zeit, die zwischen dem Eintreten und der Behandlung vergeht, kann entscheiden, welche Schäden entstehen. Es ist eigenartig, wie viel einem in so kurzer Zeit durch den Kopf geht. Von den praktischen Dingen, dass mein Enkel jetzt am Marienplatz umsonst auf mich wartet, bis hin zur Frage, ob ich jetzt sterben werde. Es war noch nicht so weit, aber ich bekam einen kleinen Vorgeschmack, wie es einmal sein könnte. Denn das Leben, das wir die meiste Zeit als so selbstverständlich betrachten, ist etwas unendlich Zerbrechliches.

Alles wäre so viel schwieriger gewesen, hätten wir noch in der alten Wohnung gelebt. Es war mir während meiner Zeit im Krankenhaus eine solche Erleichterung, meinen Mann im Wohnstift zu wissen, alles war geregelt, er war versorgt und für ihn konnte der Alltag fast so weiterlaufen wie immer. Ich konnte in aller Gemütsruhe im Bett liegen, mich auf meine Genesung konzentrieren und musste mir nicht die geringsten Sorgen machen. Dieses Ereignis hat uns also ein weiteres Mal vor Augen geführt, wie außerordentlich richtig unsere Entscheidung, ins Wohnstift zu gehen, gewesen ist. Auch der Zeitpunkt war keineswegs zu früh gewählt, wie ich es lange geglaubt hatte. Ich erzähle das, um zu zeigen, dass unsere eigene Einschätzung oft falsch ist. Man fühlt sich heute noch kerngesund und kann am nächsten Tag bereits ein Pflegefall sein. Ich hatte einen großen Schutzengel damals, andernfalls wäre ich heute auch einer.

Wenn es nach uns gegangen wäre, dann hätten wir mit dem Umzug noch ein paar Jahre gewartet. Und uns damit eine Menge Probleme eingehandelt.

Es war eine lehrreiche Erfahrung. Ich habe am eigenen Leib erfahren, dass sich von einem Augenblick zum anderen alles ändern kann. Dass man so plötzlich aus allem herausgerissen werden kann. Dass man nicht endlos Zeit hat. Theoretisch weiß man das, aber es ist eine ganz andere Sache, wenn man es selbst erlebt. Seither habe ich eine andere Zeitrechnung: Ich rechne nicht mehr von jetzt aus unendlich nach vorn, sondern sozusagen vom Ende zurück. Man kann sich ja ungefähr ausrechnen, wie viel einem noch bleibt beziehungsweise welche Zukunftsaussichten schlichtweg unwahrscheinlich sind. Ich bin heute 81 und kann ziemlich sicher sein, dass ich nicht mehr länger als zehn, zwölf Jahre lebe. Eher weniger. Auch wenn man sich nach einem solchen Krankheitsfall wieder erholt, auch wenn man seine alten Gewohnheiten wieder aufnimmt, so ist mir dies doch geblieben: dass ich mich manchmal wundere, mit welcher Selbstverständlichkeit mein Mann Termine für Ende nächsten Jahres vereinbart. Da wird mir klar, ihm »fehlt« – Gott sei es gedankt – dieses Erlebnis.

Man stößt ja auch ständig darauf. Zum Beispiel die Winterolympiade 2018, um die sich München gegenwärtig bewirbt, da rechnet man, aha, da bin ich dann soundso alt. Gut, das ist noch ein absehbarer Zeitraum. Aber die schnellere S-Bahn zum Flughafen, die soll in 15 Jahren fertig sein. Das nützt uns nichts mehr, bis dahin reisen wir nirgendwo mehr hin. Solche Gedanken hatte ich früher nicht. Und wenn es auch nach und nach verblasst, als Grundmelodie begleitet mich diese Erfahrung doch den Rest meines Lebens.

Aber nicht dass Sie denken, ich sei darum ein trübsinniger Mensch geworden. Im Gegenteil, dies hat ja auch so manch

Entlastendes: Gewisse Dinge muss ich nicht mehr miterleben. Mit manchen Themen muss ich mich nur noch beschäftigen, weil es meine Enkel betreffen wird. Das überlege ich mir schon oft und frage mich, wie werden denn die Jungen das einmal bewältigen können. Das Erbe an der Umwelt zum Beispiel, das wir ihnen hinterlassen. Aber die Olympiade 2018, wenn ich die nicht mehr miterlebe, da bin ich nicht böse. Emotionaler ist es da im privaten Bereich, wenn solche Gedanken kommen wie: ein Urenkelchen, das wäre schon noch schön.

Aber das nehme ich natürlich, wie es kommt. Im Grunde habe ich keine Wünsche mehr offen, ich bin zufrieden, wie ich gelebt habe und heute lebe. Das wird mir bewusst, wenn ich eine Bekannte besuche, die sich ihr Leben lang gegrämt hat, weil sie eine bestimmte Ausbildung nicht machen konnte. Dieses Gefühl, das sie zum Ausdruck bringt, das Leben hätte ihr etwas vorenthalten. Auf eine solche Idee wäre ich nie gekommen, und dafür bin ich dankbar. Ich denke, dann nimmt man auch leichter Abschied. Man hat keine »Rechnung« mit dem Leben mehr »offen« und kann dann vielleicht leichter gehen. Doch die Probe auf den Ernstfall wird zeigen, ob es sich so verhält.

Es war schon immer meine Art, in der Gegenwart zu leben, im Hier und Jetzt. Das habe ich von meiner Mutter übernommen, die ebenfalls ein extrem gegenwartsbezogener Mensch war. Ein solches Erlebnis, bei dem man dem Tod ganz nahe kommt, fördert dies natürlich noch.

Wenn wir also anerkennen, dass der Tod ein wichtiger Teil vom Leben ist, ja, sozusagen sein Höhepunkt, auf den wir alle ausnahmslos zusteuern, dann ist es nicht schwer einzusehen, wie notwendig es ist, sich mit ihm auseinanderzusetzen.

Da gilt es auch, viele praktische Fragen zu regeln. Für den Fall, dass uns das Schicksal nicht die bereits erwähnte »Luxusausführung« zukommen lässt, werden wir mit großer Wahrscheinlichkeit früher oder später ins Krankenhaus gebracht werden. Der hippokratische Eid verpflichtet die Ärzte, unser Leben so lange wie möglich zu erhalten, auch wenn keine Hoffnung auf Besserung besteht. Wer dies nicht wünscht, für den ist es notwendig, eine Patientenverfügung zu treffen. Wie im Einzelnen das Prozedere ist, sollte man am besten bei der Verbraucherzentrale des entsprechenden Bundeslandes erfragen.

Zum jetzigen Zeitpunkt sind drei Gesetzesvorlagen in der Diskussion, und wie diese schwierige Frage in Zukunft geregelt sein wird, lässt sich im Moment, da ich dieses Buch schreibe, nicht sagen. Auf alle Fälle ist es anzuraten, seinen eigenen Willen im Falle einer schweren Erkrankung gültig und nachvollziehbar niederzulegen, damit sowohl die Angehörigen als auch die betroffenen Ärzte es leichter haben, die Frage nach lebensverlängernden oder -erhaltenden Maßnahmen im Sinne des Patienten zu beantworten. Andernfalls bürden wir unseren Kindern eine Verantwortung auf, die sie unter Umständen überfordert und in schwere Gewissenskonflikte stürzen kann.

Da ich, wie schon erwähnt, nicht mit der »Luxusvariante« Tod rechne, sondern davon ausgehe, dass ich hilfebedürftig sein werde und Pflege brauche, haben wir es uns so eingerichtet, dass dies in unserer Wohnung im Betreuten Wohnen möglich ist. Muss man in ein Krankenhaus gebracht werden, sieht es anders aus. Es gibt auch eines hier, aber nicht mit allen Abteilungen. Allerdings geben die Krankenhäuser die Sterbenden, schon auch aus Kostengründen, gern wieder zurück nach Hause.

Wir haben hier erlebt, dass die Ärztin einen sehr schwer erkrankten liebenswürdigen Herrn aus dem Krankenhaus wieder zurück ins Haus geholt hat, weil sie fand, es sei besser für ihn. Alle dachten, er stirbt sicher schnell, aber er hat sich erholt und kürzlich seinen 95. Geburtstag gefeiert. Solche Beispiele zeigen, dass man im Betreuten Wohnen durchaus persönlich wahrgenommen und begleitet wird. Man kümmert sich um jeden Einzelnen, und das sorgt dafür, dass wir uns alle hier sehr geborgen und gut aufgehoben fühlen.

Ich selber bereite mich am allerbesten auf etwas vor, indem ich mich dafür engagiere. Die Erfahrung mit dem Tod meiner Eltern hat dazu geführt, dass ich mir Gedanken darüber mache, wie ich selbst einmal den Übergang vom Leben in den Tod vollziehen möchte.

Sowohl mein Vater als auch meine Mutter starben in einem Krankenhausbett. Mein Vater verstarb bereits in den sechziger Jahren und zwar an einer damals noch seltenen Krebserkrankung. Er verbrachte die letzten Monate im Krankenhaus, und als klar war, dass der Prozess des Sterbens eingesetzt hatte, wurde er mit einem anderen Herrn in den Keller in eine Sterbekammer verlegt. Dort verbrachten meine Mutter und ich mit ihm seine letzten Tage. Bezeichnenderweise freundete sich meine Mutter mit der Frau des anderen Herrn derart an, dass die beiden bis zu ihrem Tod Kontakt miteinander hielten. Denn so ein Erlebnis, die eigenen Männer beim Sterben zu begleiten, auch noch unter derartigen Umständen, das schafft Verbundenheit.

Mein Vater starb mitten in der Nacht. Wir hatten sozusagen Glück, denn dadurch konnten wir noch den Rest der Nacht bei meinem Vater bleiben, nachdem er verstorben war, und in aller Ruhe von ihm Abschied nehmen.

Es geht ja nicht allein um den Prozess des Sterbens, sondern auch darum, dass die Angehörigen dieses tief greifende Erlebnis angemessen verarbeiten können.

Meine Mutter lebte 13 Jahre im Wohnstift, aber sie starb im Krankenhaus an den Folgen eines Sturzes. Die Atmosphäre dort empfand ich nicht als unfreundlich, aber als kühl und unpersönlich. Zwar konnte ich die letzten drei Tage bei meiner Mutter verbringen und ihr Sterben begleiten; als aber der Tod eingetreten war, begann sofort die Krankenhausroutine – es blieben mir 30 Minuten Zeit, Abschied zu nehmen, dann bat mich die Schwester, die Sachen zu packen und zu gehen. Es hat beide Male lange gedauert, bis diese quälenden Bilder verblassten, und obwohl inzwischen 20 Jahre vergangen sind, fürchte ich, dass noch immer viele Angehörige eines Sterbenden diese leidvolle Erfahrung machen müssen.

Exkurs: Palliativmedizin und Hospizbewegung

Nicht dem Leben Tage hinzufügen, sondern den Tagen Leben.
Cicely Saunders

Vieles ist allerdings inzwischen in Gang gekommen. An nicht wenigen Krankenhäusern gibt es Palliativstationen (palliativ kommt aus dem Lateinischen und bedeutet »schmerzlindernd«), wo man sich der Bedürfnisse schwerstkranker Menschen in besonderer Weise annimmt. Im Gegensatz zu den anderen klinischen Abteilungen steht hier nicht mehr der Kampf um das Überleben des Patienten im Vordergrund, oftmals um jeden Preis, sondern es geht darum, den Schwerstkranken und Sterbenden, so gut es geht und abgestimmt auf ihre persönlichen Bedürfnisse, ihr Leiden zu erleichtern. Dies tritt in Kraft, wenn der Patient entweder selbst keine weitere Therapie mehr wünscht oder die Mediziner zu dem Schluss gekommen sind, dass eine Therapie nicht mehr sinnvoll ist. Eine solche palliative Betreuung beginnt bei einer angenehmen Umgebung und endet noch lange nicht bei einer Schmerztherapie und behutsamen psychologischen Betreuung. Da wird zum Beispiel mit alternativen Methoden gearbeitet wie der Aromatherapie, um das Wohlbefinden zu fördern.

Der Gedanke, Sterbenden einen liebevollen Platz einzuräumen, ist durchaus nicht neu. In vielen alten Kulturen war er eine Selbstverständlichkeit. Im ausgehenden Mittelalter gründeten Mönche und Ordensfrauen entlang der Pilgerstraßen in ganz Europa sogenannte Hospize. Reisen war damals müh-

selig und anstrengend, mitunter auch gefährlich und lebens-
bedrohend. Darum fanden nicht nur Übernachtungsgäste hier
eine Herberge, sondern oft auch Kranke und Sterbende, die,
waren sie mittellos, meist nicht nur ein Dach über dem Kopf
und Nahrung, sondern auch medizinische und seelsorgerische
Betreuung fanden.

Das erste Hospiz der Moderne entstand in Irland. Ende des
19. Jahrhunderts gründete Mary Akinhead in Dublin in ihrem
eigenen Haus den Orden der »Irish Sisters of Charity«, deren
Aufgabe es unter anderem war, sterbende Menschen zu pflegen. Nach diesem Vorbild entstanden in Großbritannien und
den USA weitere Hospize. Außerordentliche Verdienste für
das, was wir heute Palliativmedizin nennen, erwarb sich die
Londoner Krankenschwester und spätere Ärztin Cicely Saunders. In Gesprächen mit dem todkranken David Tasma, der als
polnischer Jude dem Warschauer Ghetto entkommen war,
entstand die Vision von einem Haus, in dem die Bedürfnisse
von Sterbenden im Mittelpunkt stünden. Als Tasma starb,
vererbte er Cicely Saunders 500 Pfund mit dem Satz: »Ich
werde ein Fenster sein in deinem Haus.« 20 Jahre später war es
so weit, Saunders konnte 1967 das erste moderne Sterbehospiz
St. Christopher's in London eröffnen. David Tasmas Fenster
ist dort heute noch zu sehen.

Von hier aus verbreitete sich die Bewegung weltweit. 1975
entstand in Montreal die erste Palliativstation. In diesen Jahren kümmerte sich die Schweizer Psychiaterin Elisabeth Küb-
ler-Ross nicht nur um die Sterbenden, sondern betrachtete sie
im Zusammenhang mit ihren Angehörigen, die diesen Prozess
begleiten und nach dem Tod der Sterbenden mit ihrer Trauer

umgehen müssen. Zum ersten Mal wurden die Bedürfnisse dieser beiden Gruppen miteinander verglichen und systematisiert.

Es war an der Chirurgischen Universitätsklinik in Köln, wo 1983 die erste deutsche Krankenhausstation für Schwerstkranke und Sterbende eingerichtet wurde. Das erste Sterbehospiz entstand drei Jahre später in Aachen. Deutschland ist das einzige Land, in dem zwischen einer palliativen Krankenhausstation und autonomen Hospizen unterschieden wird.

Die Word Health Organization (WHO) definiert den Begriff der Palliative Care folgendermaßen:

»Palliative Care ist eine Methode zur Verbesserung der Lebensqualität von Patienten und ihren Familien, die mit den Problemen einer lebensbedrohenden Erkrankung konfrontiert sind, und zwar durch Vorbeugen und Lindern von Leiden, durch frühzeitiges Erkennen, einwandfreie Beurteilung und Behandlung von Schmerzen und anderen physikalischen, psychologischen und spirituellen Problemen.

Palliative Care:

- sorgt für die Linderung von Schmerzen
- bejaht das Leben und betrachtet das Sterben als einen normalen Prozess
- beabsichtigt den Tod weder zu beschleunigen noch hinauszuzögern
- verbindet die psychologischen mit den spirituellen Aspekten der Pflege
- unterstützt mit allen Mitteln ein aktives Leben des Patienten bis zu seinem Tod

- unterstützt mit allen Mitteln die Familien bei der Bewälti-
gung und Verarbeitung der seelischen Belastung während
der Krankheit und nach dem Tod ihres Angehörigen
- nutzt interdisziplinäre Erfahrungen, um den Bedürfnissen
der Patienten und ihren Familien Rechnung zu tragen,
wenn nötig einschließlich Trauerbegleitung
- verpflichtet sich dazu, die Lebensqualität zu steigern, und
kann so auch den Krankheitsverlauf positiv beeinflussen
- kann im Krankheitsverlauf frühzeitig angewandt werden in
Verbindung mit anderen, lebensverlängernden Therapien,
wie zum Beispiel Chemotherapie und Radiotherapie, und
schließt auch jene Forschungen mit ein, die nötig sind, um
Beschwerden und klinische Komplikationen besser zu verstehen und zu behandeln«.

Meine jüngste Tochter machte vor einigen Jahren selbst Erfahrungen mit Palliative Care. Eine Freundin starb im Alter von
42 Jahren an einer sehr seltenen, heimtückischen Demenzerkrankung innerhalb von eineinhalb Jahren. Ihre letzten acht
Tage verbrachte die junge Frau auf einer solchen Palliativstation im Klinikum Großhadern. Meine Tochter blieb bis zwei
Stunden vor ihrem Tod bei ihr und kam danach zu uns. Sie
war noch ganz erfüllt von diesem Abschied und erzählte uns,
wie großartig die Atmosphäre und die Pflege in jener Abtei-
lung war und wie feinfühlig die Angehörigen betreut wurden.
Die Familie konnte noch lange bei der Verstorbenen verwei-
len, und niemand drängte sie, nach Hause zu gehen.

Das ist ganz im Sinne der Palliativmedizin, die den emotio-
nalen Beistand des Sterbenden als auch der Angehörigen mit

einschließt. Das speziell dafür ausgebildete Personal hat in der Regel eine langjährige Erfahrung mit dem Phänomen Tod, während die Betroffenen ihn als Ausnahmesituation erleben – und zusätzlich als direkt Betroffene.

Wenn es um die letzten Dinge geht, dann tauchen viele Fragen auf, die möglicherweise ein Leben lang hintangestellt wurden. Fragen nach dem Sinn des Lebens, nach dem, was von einem bleibt, nach dem, was vor einem liegt. Die brennende Frage, wie lange das Leiden noch dauern wird.

Auch die Angehörigen haben oftmals Rat nötig. Wie können sie helfen? Wie Abschied nehmen? Woran sollen sie erkennen, wie weit es mit dem Sterbenden ist? Was geschieht nach dem Tod?

Diese Fragen belasten oft die letzten gemeinsamen Stunden mit dem Sterbenden. Viele Menschen haben noch nie einen Toten gesehen und sie fürchten sich davor, dass sie in diesem wichtigen Moment »versagen« könnten. Hilflosigkeit gegenüber dem Leiden des geliebten Menschen und die Frage, ob sie etwas unternehmen sollten, etwas, das keiner ausspricht, aber doch von ihnen erwartet wird. Auch die meist unterdrückte Angst vor dem eigenen Tod macht den Angehörigen in dieser Phase zu schaffen.

Darum ist es ein Segen, wenn jemand da ist, der in aller Ruhe diese Fragen beantwortet oder hilft, die Antworten selbst zu finden. Oft braucht es nur eine freundliche Gegenwart, das Angebot einer Tasse Kaffee, ein offenes Ohr, und die Spannung beginnt sich zu lösen.

Im geschäftigen, professionellen klinischen Alltag, wie ich ihn bei meiner Mutter erlebt habe, haben solche Fragen keinen Raum. Während die kurative Medizin (von lateinisch curare: »heilen«) hauptsächlich den Aspekt der Rettung des Lebens im Blickfeld hat, steht bei der palliativen Medizin das körperliche und seelische Wohlbefinden im Zentrum, ohne dass die kurativen Aspekte außer Acht gelassen würden. Zum seelischen Wohlbefinden gehört aber auch, dass dem Sterbenden geholfen wird, in Frieden Abschied zu nehmen. Der kostbarste Beitrag, den die Helferinnen und Helfer leisten, ist, dass sie Zeit und menschliche Nähe mitbringen. Das erfordert neben dem fachlichen Wissen ein Gespür für die Wünsche und Bedürfnisse der Schwerstkranken. Der Christophorus Hospiz Verein in München, in dem ich Mitglied bin, ist einer der ältesten und größten in Deutschland. 150 gründlich ausgebildete ehrenamtliche und 40 professionelle Helfer arbeiten im privaten Bereich, in Pflegeheimen oder im Haus des Vereins selbst, in dem 16 Zimmer zur Verfügung stehen. Es ist ein freundliches, helles Haus, in dem auch an die Bedürfnisse der Angehörigen gedacht ist.

Inzwischen sind an vielen Orten Hospizvereine entstanden. Ich wünsche der Idee von Herzen, dass sie Unterstützung erfährt und sich weiter verbreiten kann.

Was die Schmerztherapie anbelangt, vor allem bei Patienten, die austherapiert sind, wie man das nennt, wenn die Medizin faktisch nichts mehr gegen die Krankheit ausrichten kann, habe ich selbst meine Erfahrungen gemacht, als meine Mutter im Sterben lag. Damals litt sie große Schmerzen. Einmal kam ich zu ihr und stellte fest, dass es ihr schlechter ging und sie sehr litt. Ich bat die Schwester um Auskunft und erfuhr, dass man ihre Morphiumdosis herabgesetzt hatte, weil sie Zeichen von Verwirrung zeigte. Ich wurde damals sehr böse. Es war klar, dass meine Mutter im Sterben lag. Welchen Sinn machte es, sie derart leiden zu lassen, nur damit sie bei guter geistiger Verfassung blieb? Natürlich ist dieses Thema sehr umstritten. Lange Zeit dachte man, um Schmerzen zu lindern, gibt es zu starken Betäubungsmitteln wie Morphium keine Alternative.

Das Spannende an der Forschung rund um die Palliativmedizin sind auch die neueren Erkenntnisse über das Phänomen Schmerz. Denn es gibt nicht »den Schmerz an sich«, sondern er wird von einer ganzen Reihe von Faktoren beeinflusst. Dass Angst, Stress und Verspannung den Schmerz verstärken, das leuchtet ein. Aber auch der Grundschmerz kann vielerlei Ursachen haben, und es ist wichtig, zu erkennen, welche im konkreten Fall zutrifft, um die entsprechende Schmerztherapie anzuwenden.

Leider wird Palliativmedizin erst an wenigen Universitäten gelehrt, der Großteil junger Mediziner erfährt noch keine fundierte Ausbildung in diesem so wichtigen Bereich. Bewundernswert ist die Leistung der Menschen in der palliativen Pflege, deren tägliche Arbeit das Begleiten von Sterbenden ist, das Mit- und Einfühlen in einen Prozess, den sie doch immer nur von außen miterleben und der, wenn man ihre Berichte liest und hört, doch immer unterschiedlich abläuft. Zu erkennen, was einem Sterbenden im gegebenen Moment guttut, auch wenn er selbst es nicht äußern kann, und es ihm dann auch zu gewähren, ist eine Leistung, die in unserer Gesellschaft noch zu wenig Anerkennung findet. Und doch hoffen wir alle, in unseren letzten Stunden einen solchen Menschen in unserer Nähe zu haben, sei es zu Hause als ambulante palliative Pflegekraft, im Krankenhaus oder im Hospiz.

Auch das viel diskutierte Thema Sterbehilfe hat meiner Meinung nach eine Menge damit zu tun. Die meisten Menschen, die sich Sterbehilfe wünschen, fürchten die leidvolle Phase, bis es zum Sterben selbst kommt. Wenn einer aber weiß, er ist in seinen letzten Tagen liebevoll dort aufgehoben, wo man es ihm so schön wie möglich gestaltet, sich so gut wie es nur geht in ihn einfühlt, seine Schmerzen ernst nimmt und etwas gegen sie tut, dann fällt mit Sicherheit ein starkes Motiv für den Wunsch nach aktiver Sterbehilfe weg.

Aus diesem Grunde ist die aus England stammende Hospizbewegung, die ja eine Variante der Form des palliativ begleitenden Sterbens darstellt, so wichtig. Nicht jede Krankengeschichte endet so, dass das Sterben in einem Krankenhaus stattfindet. Vielen tut es gut, die Stätte, wo sie so viele physische wie psychische Rückschläge erlitten haben, für das Sterben hinter sich zu lassen. Bei vielen ist die Situation zu Hause nicht adäquat. Dann ist ein modernes Sterbehospiz oft der beste letzte Weg.

Wie in den Palliativstationen der Krankenhäuser geht es hier darum, die letzten Wochen und Tage eines Sterbenden so zu gestalten, dass auch dieser Zeitraum, also der letzte Abschnitt des Lebens, als lebenswert empfunden werden kann. Viele professionelle und sorgfältig ausgebildete ehrenamtliche Kräfte leisten Hilfe bei der Betreuung Schwerstkranker im ambulanten Einsatz bei der häuslichen Pflege und bedeuten häufig eine große Entlastung für das Personal in Pflegeheimen. Da ich durch eigene Erfahrung erlebt habe, wie wichtig eine solche Hilfe ist, möchte ich als Mitglied eines Hospizvereins mit meinem Beitrag diese großartige Idee fördern.

Denn auch hier in Deutschland sterben die meisten Menschen im Krankenhaus, da muss man sich nichts vormachen. Besser finde ich es aber, wenn man, ist es deutlich absehbar, dass der Tod bald eintreten wird, in seine gewohnte Umgebung zurückkehren kann. Ich bin der Überzeugung, dass dies für alle Beteiligten, vor allem für den Sterbenden, viel erleichternder ist als die geschäftsmäßige Umgebung eines Krankenhauses. Und ich persönlich bin mir sicher, wenn es so weit ist und vorhersehbar, dann sind meine Töchter da, von meinem Mann natürlich nicht zu schweigen. Und das fände ich hier bei uns zu Hause schöner als in einem Krankenzimmer.

Was man oft vergisst im Zusammenhang mit dem Sterben, ist der Aspekt des Abschiednehmens, und zwar für den Sterbenden, aber auch für die, die zurückbleiben.

KAPITEL 8

Auf Menschen neugierig

Ich bin schon immer ein Mensch gewesen, der am Schicksal anderer Anteil nimmt. Und mein Mann ist oft erstaunt, wie viele Leute ich im Haus schon kenne. Das liegt daran, dass ich hier mehr unterwegs bin als er, ich gehe zum Yoga und zum Singen, da ergibt sich das automatisch. Und viele Alleinstehende haben auch durchaus den Wunsch, von sich zu erzählen. Ich war von jeher jemand, der lieber zuhört. Und erstaunlicherweise kenne ich eine Menge Lebensgeschichten, ohne je eine Frage gestellt zu haben. Und sie sind alle eindrucksvoll. Vor allem in dieser Generation. Das wird später nicht mehr so sein. Aber die Menschen, die noch zehn, fünfzehn Jahre älter sind als wir, und von denen gibt es noch viele, die haben natürlich noch den Krieg erlebt, da gibt es wirklich bewegende Schicksale.

Wenn man wie ich in Bayern gelebt hat, die Heimat nicht verlassen musste und auch keinen Angehörigen verloren hat, ist einem viel erspart geblieben. Und jede einzelne Lebensgeschichte, die ich hier höre, bringt mir auch die Menschen näher. Man kann das Verhalten von anderen viel besser verstehen und einordnen, wenn man ihre Geschichte kennt. Und die ist oftmals absolut spannend.

So war das auch während meiner Arbeit für Behinderte. Ich erinnere mich an eine Frau mit Kinderlähmung, die niemand mochte. Auch ich konnte sie nicht besonders gut leiden, weil sie sich immer und über alles beschwerte. Nichts war ihr recht. Aber eines Tages setzte ich mich zu ihr, um sie anzuhören. Und während sie mit mir sprach, sah ich zu, wie sie sich selbst ein Butterbrot strich. Durch ihre Behinderung dauerte dieser Vorgang eine Dreiviertelstunde. Und auf einmal verstand ich ihre Verbitterung. Und konnte anerkennen, was für eine Kämpferin sie doch war. Ich bin mir nicht sicher, ob ich mir in ihrer Situation nicht lieber das Brot hätte von jemandem streichen lassen. Aber dass sie sich nicht unterkriegen ließ und sich diesem täglichen Kampf aussetzte, das rang mir eine Hochachtung ihr gegenüber ab, die es mir in der Folge leichter machte, mit ihr umzugehen.

Etwas, das mich mein Leben lang umtreibt, ist mein Unvermögen, über Ungerechtigkeit hinwegzusehen. Das hat mich in der Schule schon geplagt. Wenn Mitschüler von der Lehrerin ungerecht behandelt wurden, hat mich das verbittert. Ich habe die Mutter einer sehr nahen Freundin von mir regelrecht gehasst dafür, dass sie »meine« Gabi gegenüber ihrer älteren Schwester immer benachteiligt hat. Für mich als Einzelkind war das ungeheuerlich, dass ein anderes Geschwisterteil bevorzugt werden konnte. Ob Gabi das genauso empfunden hat, das weiß ich gar nicht, zwischen uns war das ein Tabuthema. Ich hätte nie gewagt, das ihr gegenüber anzusprechen, weil ich nicht wusste, wie verletzt sie damals tatsächlich war. Allerdings habe ich die Benachteiligung an tausend Dingen bemerkt und im Innersten verurteilt. Das war bereits in der ersten Klasse der Grundschule.

Ich denke, ich hatte deshalb einen solchen Blick dafür, weil meine Mutter der Meinung war, dass man Kinder in keiner Weise herausheben, sondern dass sie wie alle anderen aufwachsen sollten. Und zu einer Zeit, in der es noch üblich war, Kinder auf eine konfessionelle Schule zu schicken, also entweder auf eine katholische oder eine evangelische, kam ich in eine sogenannte Simultanschule. Das war eine Gemeinschaftsschule, in der man nur für den Religionsunterricht aufgeteilt wurde. Alle anderen Fächer wurden gemeinsam unterrichtet, sodass man ganz normal miteinander aufwachsen konnte. Und meine sozialen Kenntnisse stammen alle ausnahmslos aus der Volksschule, wie sie damals hieß.

Ich kam 1933 in die Schule, und das waren ja keine einfachen Jahre damals. In der Schule wurden Tüten ausgegeben, auf denen stand »Zucker«, »Mehl« und alles Mögliche drauf, die sind zu Hause gefüllt und in der Schule wieder abgegeben worden. Die hat man dann an ärmere Familien verteilt. Wir sind auch gefragt worden, ob wir ein- oder zweimal in der Woche eines von den sozial schlechter gestellten Kindern nach Hause zum Essen mitbringen könnten. Zwei oder drei Jahre war da regelmäßig die Liesel bei uns. Sie hat noch lange nach dem Krieg meiner Mutter Blumen aus ihrem Garten gebracht.

Eine andere Episode kommt mir in den Sinn, wenn ich an diese Schule denke. Unsere Lehrerin in der dritten und vierten Klasse hatte eine ganz dumme Angewohnheit, die hat mich immer ganz wütend gemacht. Wenn wir eine Rechtschreibübung gemacht hatten, dann stellte sie uns Schüler in der Reihenfolge unserer Rechtschreibfehler vorne auf. Rechtschreibung war für mich überhaupt kein Problem, und so kam es, dass immer ich als Erste nach vorn musste. Das war für mich genauso schlimm, als ob ich die Letzte gewesen wäre. Schließlich stand die ganze Klasse in einer Schlange hinter mir. Und die Letzte, das war immer meine Banknachbarin, die von der Lehrerin extra neben mich gesetzt worden war in der Hoffnung, meine Rechtschreibkenntnisse könnten auf sie abfärben. Aber ohne Erfolg. Das arme Mädchen kam aus einer Familie, die ihr keinerlei Unterstützung geben konnte.

Dieses Messen und Hervorheben, das war mir zuwider. Ich war mir sicher, dass alle so gut sie konnten geschrieben hatten. Uns dann für unsere Leistung durch eine solche Zurschaustellung zu bestrafen, das fand ich albern.

Ich ging in einer politisch schwierigen Zeit zur Schule. Von der Nazipropaganda bekam ich weder in der Volksschule noch in der evangelischen Privatoberschule, in deren Lehrkörper sich eine einzige Parteigenossin der NSDAP befand, etwas mit. Mein Vater hat die Nationalsozialisten geradezu gehasst. Und deshalb sind in meiner Gegenwart auch kaum Gespräche zu diesem Thema geführt worden. Meine Mutter sagte immer: »Verschon' mir das Kind, wenn die irgendwo etwas Falsches sagt ...« Wobei es sich gar nicht hat ausschließen lassen, dass ich manches mitbekommen habe, denn die beste Freundin meiner Mutter war Jüdin. Sie überlebte das Konzentrationslager Theresienstadt wie durch ein Wunder – das ist allerdings eine ganz eigene Geschichte.

Obwohl mein Vater aus seinem Herzen keine Mördergrube machte, kam er unbeschadet durch die Zeit des Dritten Reiches. Seine schwere Kriegsverletzung war schon eine Art Schutz für ihn, denn solche Versehrten galten als Helden. Er war bei der Hypothekenbank beschäftigt, und ich vermute, dass es dort jemanden gab, der die Hand über ihn hielt. Zu Beginn des Krieges wurde er von der Zentrale in die Filiale am Schlachthof versetzt, und diese Degradierung erwies sich in den schwierigen Jahren als wahrer Segen. Denn da hatte er Großmetzger und Häute- und Fellhändler als Kunden und die haben hin und wieder mal ein paar Fleischmarken liegen lassen.

In der Familie war die politische Haltung meines Vaters allerdings Anlass zu einem großen Konflikt, da seine Schwestern, meine Tanten, ausgesprochene »Nazissen« waren. Es gab unendlich viel Streit damals, und dass es nicht zu einem Bruch kam, lag nur daran, dass meine Großmutter bei diesen Tanten lebte und man sich auf diese Weise dann doch noch irgendwie gesehen hat.

Ich selbst bin Adolf Hitler 1941 einmal persönlich über den Weg gelaufen, und habe ihn beinahe nicht erkannt. Ich musste in die Konfirmandenstunde und war wie immer spät dran. Also raste ich auf dem Fahrrad die Straße entlang, und plötzlich stand einer vor mir und holte mich vom Rad herunter.

Da hielt eine schwarze Limousine, und heraus stieg ein kleiner Mann im Trenchcoat und mit Hut auf dem Kopf und ging über die Straße. Und wie der weg war, durfte ich weiterfahren. Ich war so konzentriert auf mein Ziel, weil ich wirklich

spät dran war, und doch dachte ich: »Den kenne ich doch.«
Und dann war das der Hitler.

Dieses Zusammentreffen fand direkt vor dem Fotoatelier
Hofmann, Hitlers Leibfotograf, statt. Und ich muss sagen, das
war eine ausgesprochen ernüchternde Erfahrung. Denn alle
anderen Auftritte, die man so mitbekam, waren ja immer in-
szeniert. Aber das hier war keine Inszenierung, sondern simp-
ler Alltag.

Und ich begriff, dass wir, auch wenn ich gar nicht aus einem nationalsozialistischen Elternhaus kam, von diesen In-
szenierungen derart geprägt waren, dass wir alles mit einer
Gloriole versahen.

Auch wenn meine Eltern versuchten, mich aus all dem heraus-
zuhalten, so hat mich die Zeit zwischen 1933 und 1945 sehr
geprägt – wie jede und jeden meiner Generation. Zunächst war
da der Krieg. Und dann gab es noch zwei Ereignisse, die mich
als Heranwachsende sehr beschäftigten.

Wir hatten Verwandte am Starnberger See, und 1944, nach
den großen Angriffen, haben wir in den Ferien bei ihnen
draußen gewohnt. Mein Vater fuhr täglich zur Arbeit in die
Stadt. Ich stand einmal am Starnberger Bahnhof und schaute
auf die Straße. Da marschierte ein Zug Häftlinge in Sträflings-
kleidern auf der Straße. Das sehe ich heute noch vor mir. Und
ich sah die Leute und wusste instinktiv, ohne dies über den
Verstand zu verarbeiten: Das ist irgendetwas ganz Grauen-
haftes.

Das hat mich lange beschäftigt, ohne dass ich es hätte ins
Wort bringen können.

Meine Erziehung zum selbstbestimmten Handeln hat einen weiteren Impuls durch meinen Vater gefunden, als ich 17 war. Im November 1944 musste ich in den Reichsarbeitsdienst in ein Lager südlich von Salzburg.

Und ehe ich gefahren bin, hat mich mein Vater zu sich gerufen und gesagt: »So. Ich sag dir jetzt etwas. Du wirst nicht mit normalen Verkehrsmitteln nach Hause kommen. Bis du wiederkommst, ist der Krieg vorbei. Du fährst im Skianzug und mit Bergstiefeln und nimmst auch keinen Koffer mit, sondern einen Rucksack. Hier hast du zwei Karten, da hab ich dir eingezeichnet, über welchem Weg du über das Gebirge nach Hause gelangst.«

Da war mir schon ein wenig eigenartig zumute. Im tiefen Winter allein mit dem Rucksack übers Gebirge nach Hause? Mein Vater hätte mir das ohne Weiteres zugetraut, sonst wäre er nie auf die Idee gekommen, mir das aufzutragen. Und mir war dadurch natürlich klar: »Du bist von nun an selbst verantwortlich für das, was mit dir passiert.«

Ich wusste, es wird keiner mehr dabei sein, der sagen wird: Unter keinen Umständen! Oder: Was machst du denn da schon wieder? Nein, ich war sozusagen entlassen ins eigene Leben. Und ich muss sagen, das war eine äußerst hilfreiche Lektion.

Mein Vater hatte recht. Ich bin zwar später nicht übers Gebirge gegangen, aber ich habe drei Nächte und zwei Tage gebraucht, bis ich wieder nach Hause kam. Zum Teil zu Fuß, zum Teil mit dem Zug, zum Teil mit dem Lastwagen. Damals war ich sehr dankbar, dass ich diese strenge Bergwandererfahrung hatte, meine gute Kondition kam mir in dieser Zeit zugute. Und diese Unerschrockenheit, die mir mein Vater von frühester Kindheit an beigebracht hatte.

Tatsächlich hatte ich es meinem Vater nicht so recht geglaubt, als er mir die Gebirgskarten überreichte. Aber im Verlauf der Monate wurde mir klar, dass er eine hellsichtige Einschätzung der Lage vertrat.

So kam es, dass ich sehr hellhörig war und nicht wartete, bis der Krieg vorbei war und ich aus dem Lager entlassen wurde. Wir saßen da in einem Seitental und schippten Panzergräben, die die russischen Panzer aufhalten sollten. Von der anderen, der südlichen Seite waren die Amerikaner und die Engländer im Kommen. Wir hatten kein Radio mehr im Lager, es hieß damals, es sei kaputt. Wir waren also ohne Nachrichten.

Da hatte ich an einem warmen Apriltag Außendienst und spülte draußen am Dorfbrunnen die Wäsche. In einem Nachbarhaus lief das Radio. Ich hörte »... amerikanische Panzerspitzen in Ingolstadt«. Und da sagte ich mir, jetzt wird es Zeit, jetzt musst du nach Hause. Denn wenn ich jetzt warte, bis München besetzt ist – das geht nicht, ich muss heim.

Als ich ins Lager zurückkam, sagte ich, dass ich Urlaub bräuchte, weil mein Vater zum Volkssturm nach Kiel sollte und ich meine Mutter aus der Stadt evakuieren müsste. Die Lagerleiterin erlaubte das und bat mich kurioserweise, ihr bei meiner Rückkehr den »Prinz von Homburg« von Heinrich von Kleist mitzubringen. Daran konnte ich sehen, wie weit sie von der Realität entfernt war.

Den Urlaub bekam ich also, und ich machte mich auf den Weg. Mit Bus und Zug kam ich bis kurz vor Salzburg, da mussten wir alle aussteigen wegen Fliegeralarm. Also versteckten wir uns in Stollen, die in den Berg geschlagen waren. Ich erinnere mich noch an den faszinierenden Anblick der Stadt Salzburg, die erhellt war von den Leuchtfallschirmen der Engländer, die über der Burg schwebten. Sie beließen es dabei, wie ich später erfuhr, und flogen weiter, ohne Bomben zu werfen, und nach einer Weile verließ ich die Stollen und ging allein zu Fuß bis nach Salzburg.

Es war mitten in der Nacht und ich fragte mich, wie komme ich denn jetzt weiter. Kein Zug fuhr, kein Auto, die Stadt war wie ausgestorben. Und dann lehnt da vor mir an einer Hauswand ein Fahrrad. Ein nicht abgesperrtes Damenfahrrad. Und ich sah das Rad und war glücklich und dachte: fantastisch! Jetzt hast du eine Fahrmöglichkeit. Und ging hin und nahm das Rad am Lenker. Und im gleichen Augenblick dachte ich: Was tust du da? Überleg doch mal, was du immer alles vertreten hast. Das lässt du in einem Nu fahren, nur aus eigenem Bedürfnis. Wer weiß, wem das gehört. Ein Fahrrad im Krieg – stell sofort das Rad wieder hin!

Das habe ich auch gemacht und ging rasch weiter, bevor die ethische Anwandlung verblassen konnte. Und dann hat mich aber der liebe Gott belohnt: Um die Ecke stand ein Feuerwehrwagen, der aus Freilassing gekommen war. Ich habe gefragt, ob sie mich mitnehmen können, und obwohl sie das nicht durften, nahmen sie mich natürlich mit. Und in Freilassing fand sich ein anderer Laster und so ging es immer weiter, bis ich eineinhalb Tage später nach Hause kam.

Dort habe ich mich erst einmal ausgeschlafen. Und dann, als ich aufwachte, waren die Amerikaner da und das Kriegsende nur noch eine Frage der Zeit.

Viele unserer Generation mussten wesentlich Schlimmeres erleben und sind nicht so glücklich davongekommen wie ich. Aber uns allen ist wohl gemeinsam, dass wir in einem Alter zu weitreichenden Entscheidungen gezwungen waren, die über unseren jugendlichen Erfahrungshorizont beträchtlich hinausgingen. Vielleicht könnte manchem die Erinnerung an die damalige Entschlusskraft helfen, initiativ zu werden und die Dinge wieder selbst in die Hand zu nehmen.

Bei mir haben diese Erlebnisse später dazu geführt, dass ich mich politisch nicht engagieren wollte. Die Angst vereinnahmt zu werden, war groß. Möglicherweise war das ein Fehler. Jeder muss sich über seine Fähigkeiten und Grenzen im Klaren sein, und ich bin sicherlich nicht dafür begabt, andere mit beharrlicher Überzeugungskraft auf eine gemeinsame Linie zu bringen. Dem steht schon meine Ungeduld entgegen. Ich habe auch nie eine Schirmherrschaft für Initiativen übernommen, die ich selbst nicht voll und ganz hätte vertreten können.

Die Jahrzehnte in der ehrenamtlichen sozialen Arbeit haben mir aber gezeigt, dass auch das Helfen, so wie alles, zwei Seiten haben kann.

»Helfen heißt herrschen«, sagte einmal ein Pfarrer, den ich sehr schätze, in einer Predigt, und ich denke, darin liegt viel Wahrheit. Es gibt viele Menschen, die sehr gern helfen, aber gar nicht merken, dass es ihnen zunächst um ihre Selbstverwirklichung geht. Dann wird nicht genau hingehört, was für den Betroffenen das Beste und Nützlichste ist, es wird zu wenig Energie darauf verwendet herauszufinden, was tatsächlich echte Hilfe für denjenigen bedeutet, sondern es geht mehr um das eigene Ego. Solche Hilfe bringt den anderen nicht selten in eine Situation der mehr oder weniger subtilen Abhängigkeit.

Während all der Jahre an der Seite meines Mannes habe ich auf Reisen immer darum gebeten, mir im Rahmen des sogenannten Damenprogramms eine soziale Einrichtung zu zeigen. Das war sehr spannend und lehrreich. Manches Mal habe ich mich bei diesen Gelegenheiten in die Nesseln gesetzt, weil ich eigentlich immer sage, was ich denke. Einmal zeigte man mir in Berlin ein neu gebautes Haus für Kinder, die vorübergehend aus ihren sozial schwachen Familien genommen werden mussten, um später wieder darin integriert zu werden. Und dieses Haus war der reinste Palast, alles nur vom Feinsten. Damals hörte man nicht gern, was ich davon hielt, Kinder für einige Zeit in eine so abgehobene Umgebung zu verfrachten und zu hoffen, sie später wieder in ihrem Elternhaus integrieren zu können. Hatte man sich in diesem Fall wirklich Gedanken gemacht, in welcher Umgebung sich diese Kinder am wohlsten fühlen würden? Ich habe das bezweifelt. Echte Hilfe will also gelernt sein.

Hilfsbereitschaft ist für mich persönlich etwas ganz Selbstverständliches, das habe ich bereits aus dem Elternhaus mitbekommen. Meine Mutter nannte man als junges Mädchen »den Engel von der Klenzestraße«. Wenn man jemanden sieht, der Hilfe braucht, dann hilft man eben ganz spontan. Und das geht mir auch jetzt bei uns im Haus so, wenn ich beispielsweise jemanden im Rollstuhl sehe, der über den Teppichabsatz nicht drüberkommt. Aber ich greife nicht einfach hin, sondern ich frage. Das ist wichtig. Denn man muss dabei die Würde dessen beachten, dem man Hilfe zuteilwerden lässt. Denn woher soll ich wissen, dass der andere das auch möchte? Hilfe muss auch gewünscht sein, nicht einfach geleistet, weil man denkt, das braucht der jetzt. Sonst kann man jemandem sehr leicht zu nahe treten. Ähnlich ist das mit Ratschlägen. Johannes Rau hat oft gesagt: »Ratschläge sind auch Schläge.«

Da habe ich auch viel durch meine Arbeit im Kirchengemeindevorstand während der sieben Jahre in Bonn gelernt. Wir machten damals Hausbesuche hauptsächlich bei älteren Leuten, und ich betreute eine alte Dame. Anfangs äußerte ich frei weg meine Meinung. Das habe ich mir mit der Zeit abgewöhnt und auch gelernt: man muss nachfragen. Gerade wenn jemand Kritik äußert, nicht gleich widersprechen, sondern zunächst einmal wiederholen, was er gesagt hat. Und dann auf dieser Basis versuchen, langsam weiterzukommen. Den anderen dort abholen, wo er gerade steht, und wenn er eine riesige Wut hat, dann eben dort, bei seiner Wut und der Ursache dafür. Es führt nicht weiter, wenn man gleich dagegenhält, damit erreicht man nur, dass sich die Positionen verhärten. Aber wenn man auf den anderen zugeht und seinen Standpunkt zunächst einmal einfach annimmt und aufgreift, wenn man selbst offen genug ist, um zu verstehen, worin das Problem für den anderen besteht, dann kann man auch viel besser eine gemeinsame und sinnvolle Lösung finden.

Den meisten ist schon allein damit geholfen, wenn man bereit ist, ihnen zuzuhören. Zuhören ist ungeheuer wichtig und das können die wenigsten. Auch das ist etwas, das man lernen kann. Auch für einen selbst ist das Zuhören immer wieder eine gute Übung. Weil man sich selbst dabei vollkommen zurücknehmen muss. Und auch nicht sofort über das urteilt, was man da hört. Einfach nur zuhören, das kann so viel Hilfe bedeuten, mehr als ein schlauer Rat es vermag oder eine kluge Antwort, wo vielleicht überhaupt keine Frage war.

Wenn man anderen zuhört, dann erfährt man die erstaunlichsten Dinge. Ich habe Menschen getroffen, die ihr Leben und Schicksal in bewundernswerter Weise angenommen haben. Natürlich auch andere, die das nicht so gut konnten. Was ich übrigens immer sehr gut verstanden habe; ich möchte nicht wissen, wie ich mit meiner Ungeduld damit umgegangen wäre, hätte mich eine solche Einschränkung wie eine Behinderung getroffen. Meine soziale Arbeit hat mir selbst ungeheuer viel gegeben, alles, was ich geleistet habe, habe ich wieder zurückbekommen. Außerdem helfen der Umgang mit anderen, das Teilhaben an fremden Geschichten und Schicksalen, seine eigenen Sorgen und Unzufriedenheiten in das richtige Licht zu rücken. Und zu erkennen, wie gut es uns doch bei allen Einschränkungen, die das Alter mit sich bringt, geht.

Wichtig erscheint mir, dass wir uns die Fähigkeit zum sinnvollen sozialen Miteinander erhalten. Vielleicht ist auf diese Weise das Leben in einem Wohnstift eine gute Möglichkeit, seine sozialen Kompetenzen auch im hohen Alter zu üben und zu schulen. Sitzt jeder in seiner eigenen Wohnung mit einer ambulanten Betreuung, findet dieser Austausch an Erfahrung und Lebensgeschichten nicht statt. Mit wem würde die alleinstehende Dame über ihr Leben plaudern, die während des

Krieges Witwe mit vier Kindern wurde und sehen musste, wie sie die Familie in Sicherheit brachte?

Auch im Alter können noch wirklich echte Freundschaften entstehen. Erst vor Kurzem saß ich auf der Bank neben einer 95-jährigen Dame, die bitterlich weinte. Sie erzählte mir, dass ihre beste Freundin gestorben war. Als sie vor 15 Jahren hier einzog, traf sie die Frau beim Mittagessen, und von der ersten Minute an hätten sie beide gewusst, dass sie Freundinnen seien. Und so war es, 15 Jahre aßen die beiden täglich gemeinsam zu Mittag und trafen sich auch außerhalb der Essenszeiten. Nun war die eine gestorben, und doch beschrieb mir ihre Freundin, wie tröstlich es gewesen sei, dass sie im trägereigenen Krankenhaus von ihr habe Abschied nehmen können.

Diese Geschichte ist kein Einzelfall. Zur Zeit meiner Mutter gab es sogar ein Ehe zwischen zwei Menschen, die sich im Wohnstift begegnet waren. Wobei man sagen muss, dass das nicht von allen Bewohnern gern gesehen wurde. Auch im Alter gibt es noch Neid und Eifersucht.

Das Schöne am Wohnstift ist, dass man einerseits den Kontakt zu anderen Menschen haben kann, wenn man ihn wünscht, ihn auf der anderen Seite aber nicht haben muss.

Es gibt auch einen Trend, der versucht, die traditionelle Großfamilie zu imitieren. Man nennt das hier in München Integriertes Wohnen, und der Gedanke dabei ist, dass man alte und junge Menschen zusammenbringt. Zum Beispiel Kindergärten und Schulen in einen Wohnstiftkomplex integriert. Man erhofft sich eine Art Synergieeffekt, dass die alten Menschen durch den Umgang mit jungen profitieren könnten und umgekehrt. Ich persönlich halte davon nicht viel. Man muss realistischerweise sehen, dass die meisten alten Menschen Lärm immer weniger tolerieren können. Gegenüber dem Haus am Hasenbergl, wo meine Mutter wohnte, befand sich damals eine Schule, und die Hausbewohner beschwerten sich ständig über den Lärm während der Schulpausen. Man muss nicht meinen, dass wir alle automatisch weiser würden im Alter, im Gegenteil beobachte ich an mir selbst, dass die schlechten Eigenschaften eher zunehmen als die guten. Ich werde nicht geduldiger und ich werde auch nicht unbedingt kommunikationsfreudiger. Ich brauche meine Ruhephasen, meinen Rückzug. Und da geht es anderen sicher ähnlich.

Dass unser Haus ständig erweitert wird, zeigt den enormen Zulauf dieser Art des Wohnens im Alter: die ständigen Möglichkeiten eines interessanten und vielfältigen sozialen Umfelds – ohne jede Verpflichtung, es auch pausenlos in Anspruch zu nehmen.

FAZIT

Für uns war es die richtige Entscheidung

Es ist schon ein paar Jahre her, als mich ein Kalenderblatt zum Monat November tief berührte. Ich habe es aufgehoben und gerahmt, und seither hängt das Bild in meinem Schlafzimmer. Es zeigt eine Berglandschaft mit einem alten Nadelbaum, dessen Zweige wunderbar vom Raureif überzogen sind. Gleich im ersten Moment dachte ich: »So möchte ich auch sein!« Zwar alt, doch stark, immer noch aufrecht und verbunden mit der umgebenden Landschaft.

Ich finde, dieser bereifte Baum ist ein treffendes Bild für das Altern in Selbstbestimmtheit. Wir haben so viel erlebt, wir haben vielen Stürmen standgehalten. Wir werden auch den letzten in Würde erleben.

Wenn ich hier nach Hause komme und den Schlüssel im Schloss umdrehe, dann bin ich jedes Mal einfach glücklich, hier zu sein. Ich fühle mich in unserer Wohnung derart wohl, wie ich es mir nie von einem Wohnstift hätte träumen lassen. Wenn es hier auch Punkte gibt, die vielleicht nicht so ideal sind, so weiß ich doch, dass das überall so ist. Wie gesagt, das Paradies auf Erden gibt es nicht. Aber dem Idealen sind wir hier schon sehr nahe. Man muss einfach die Prioritäten setzen, was man erwartet, was man sich erhofft und was man auch bereit ist, dafür in Kauf zu nehmen. Den Ausdruck mit dem »Abstellgleis« finde ich einfach lächerlich. Wir sind nicht auf einem Abstellgleis gelandet, sondern in einer anderen Wohnung, die den Bedürfnissen unseres Alters mehr entspricht und unser Leben sehr viel angenehmer macht.

Wenn ich zurückdenke, was in den Jahren seit unserem Einzug geschehen ist, dann kann ich uns zu unserer Entscheidung nur beglückwünschen. Sowohl mein Mann als auch ich haben das Gefühl, wir sind für unser Alter da angekommen, wo wir hingehören.

Sicherlich ist für uns der Gedanke mit dem Abstellgleis auch deshalb so abwegig, weil wir durch die Arbeit meines Mannes immer noch mitten im Leben stehen. Wir nehmen aktiv teil an dem, was auf der Welt geschieht. Denn für meinen Mann hat sich so gut wie gar nichts verändert, er sitzt hier in seinem Zimmer immer noch viele Stunden täglich an seinem Schreibtisch. Verkehrstechnisch ist er bestens vernetzt und seine Reisen bewältigt er gut. Da wir nicht die Stadt gewechselt haben, sind unsere sozialen Kontakte erhalten geblieben, und für mich ergeben sich noch die neuen Möglichkeiten hier im Haus. Was die Kultur anbelangt, so kommen wir hier sogar noch mehr auf unsere Kosten als früher in der Innenstadt. Es gibt hier spannende Vorträge, Seminarangebote, Konzerte und Theatervorführungen. Man kann gar nicht so viel wahrnehmen, wie angeboten wird.

Ich genieße es unendlich, mich täglich an einen gedeckten Tisch zu setzen und in netter Umgebung hervorragend zu essen. Und vor allem ist uns die Sorge vor dem genommen, was einmal an Gebrechen auf uns zukommen wird, oder besser gesagt: da wir so früh eingezogen sind, kam diese Sorge erst gar nicht auf. Mein Unfall vor dem Umzug und mein Schlaganfall ein halbes Jahr später haben mir deutlich gezeigt, wie wertvoll die pflegerischen Möglichkeiten hier direkt vor Ort sind. Auch wenn ich inzwischen längst wieder völlig hergestellt bin, so weiß ich doch, dass ich die Angebote sicherlich eines Tages in Anspruch werde nehmen müssen.

Ich hatte also selbst, bei aller Offenheit, zunächst nicht das richtige Bild vom Leben in einem Wohnstift. Auch ich war in Vorurteilen befangen und musste mich der Entscheidung erst annähern. Diese Phase erachte ich als äußerst wichtig, man sollte sich nicht davor scheuen, sich dieser Entscheidung, wie man im Alter wohnen und leben möchte, zu stellen, aber auch nichts überstürzen. Wie unsere Geschichte zeigt, ist es allerdings manchmal ganz hilfreich, wenn von außen ein kleiner Anstoß dazukommt. Vielleicht wäre unser eigenes Tempo unter Umständen doch zu gemächlich und wir riskieren es, den rechten Zeitpunkt zu verpassen.

Alles in allem denke ich, die ältere Generation sollte die Initiative in die Hand nehmen und über die eigene Zukunft selbst entscheiden, solange das noch möglich ist. Und auf alle Fälle sollte sie es der jüngeren leichter machen. Denn dass sich unsere Kinder Gedanken um uns machen, das liegt ja nahe. Wer sich an die Sorge um die eigenen Eltern erinnert, dem mag es leichter fallen, mutig den Schritt zu tun und der allfälligen

Entscheidung nicht aus dem Weg zu gehen. Mitunter muss man auch hier ein Umdenken anregen, wenn bei der jüngeren Generation die Meinung vorherrscht, »die Eltern gibt man einfach nicht in ein Pflegeheim, die werden zu Hause gepflegt«, und wenn dies doch eintritt, es als eine Art Versagen der Großfamilie angesehen wird. Falscher Ehrgeiz ist hier fehl am Platz, und das, »was die Leute sagen könnten«, sollte uns nicht kümmern. Meiner Meinung nach wird das Verhältnis zwischen Eltern und Kindern durch eine derartige Abhängigkeitssituation belastet. Dies sollte man sich ehrlich vor Augen führen, wenn man den Wunsch hat, von den eigenen Kindern gepflegt zu werden, oder umgekehrt, wenn die Kinder, aus welchen Gründen auch immer, eine Pflege der Eltern anbieten. So gut das Verhältnis auch sein mag, es wird durch diese Situation, von der niemand weiß, wohin sie führen wird, auf eine harte Probe gestellt. Ich für meinen Teil wollte mein ausgezeichnetes Verhältnis zu meinen Töchtern dieser Belastungsprobe nicht unterziehen.

Es ist gut und wichtig, Rat einzuholen, wenn wir einen solchen wünschen, aber vor Einmischung und Bevormundung sollten wir uns hüten.

Am Ende sollten wir mit Herz und Verstand die entsprechende Entscheidung treffen. Selbst ich, die ich sehr rational veranlagt bin, räume den Gefühlen eine wichtige Rolle ein. Wenn alle Argumente für eine bestimmte Lösung sprechen, aber das Gefühl etwas anderes sagt, sollte man sich auf keinen Fall in eine Richtung zwingen. Ich bezweifle, dass man dann besonders glücklich wird. Und nie darf man vergessen, dass man, solange man noch über eine mentale Gesundheit verfügt, einen Schritt auch wieder rückgängig machen kann. Es gibt Menschen, die ziehen aus Pflegeheimen auch wieder aus. Niemand zwingt einen zu bleiben, stellt man fest, dass es nicht das Richtige für einen ist.

Wie auch immer wir uns entscheiden, das Wichtigste ist die Entscheidung selbst und das Ergreifen der dafür notwendigen Maßnahmen. Dann können wir unsere letzten Jahre in Ruhe genießen und all die diffusen Ängste, die meistens beginnen mit den Worten: »Was wird sein, wenn ...« ein für alle Mal verabschieden.

Ich möchte das Gebet der klugen heiligen Teresa von Ávila an den Schluss stellen. Es ist schon 500 Jahre alt, aber es beschreibt wunderbar, wie ich gern sein möchte:

»Herr, du weißt, dass ich von Tag zu Tag älter werde – und eines Tages alt. Bewahre mich vor dem Drang, bei jeder Gelegenheit etwas sagen zu müssen. Erlöse mich von der großen Leidenschaft, die Angelegenheiten anderer ordnen zu wollen. Lehre mich, nachdenklich, aber nicht grüblerisch, hilfreich, aber nicht beherrschend zu sein.

Mein umfangreiches Wissen sollte eigentlich nicht brachliegen, sondern weitergegeben werden. Aber du verstehst, Herr, dass ich mir ein paar Freunde erhalten möchte. Bewahre mich davor, endlos Einzelheiten aufzuzählen, ohne auf den Kern der Sache zu kommen.

Lehre mich schweigen über meine Krankheiten und Beschwerden. Sie nehmen zu, und die Lust, sie zu beschreiben, wächst von Jahr zu Jahr. Ich erflehe nicht die Gabe, Krankheitsschilderungen anderer mit Genuss zu lauschen. Aber lehre mich, sie wenigstens geduldig zu ertragen.

Lehre mich die wunderbare Weisheit, dass ich mich irren kann. Erhalte mich so liebenswert wie möglich. Ich möchte kein Griesgram sein, aber auch keine Heilige, denn mit ihnen lebt es sich so schwer.«

Sie haben die
Wahl!

KAPITEL 1

Überblick: Nur wer weiß, was möglich ist, kann wählen

Die Form des Betreuten Wohnens im Wohnstift, die wir gewählt haben, ist nur eine Möglichkeit von vielen. Für uns erschien sie nach Abwägen aller Alternativen als die geeignetste Lösung. Wie ich im ersten Teil dieses Buches ausführlich darlege, haben wir unsere Entscheidung bis heute nicht bereut. Für jemand anderen aber mag die optimale Lösung völlig anders aussehen. Und darum stelle ich in diesem zweiten Teil die unterschiedlichen Möglichkeiten vor, die einem offenstehen, wenn man im Alter nicht mehr allein zurechtkommt und irgendeiner Form der Hilfe oder Pflege bedarf.

Denn eines zeigt sich immer wieder auch in meinem Bekanntenkreis: Je eher man bereit ist, über die Zukunft nachzudenken, je früher man sich, seinem persönlichen Bedarf entsprechend, kompetente Beratung, Unterstützung und Hilfe holt, desto langfristiger und dauerhafter kann die Lösung sein. Und das ist es ja genau, was wir uns alle wünschen: Lösungen und Hilfen, die es uns erlauben, unser Alter möglichst sorgenfrei zu genießen. Immer wieder betone ich, dass dies auch im Sinne unserer Angehörigen geschieht, die wir auf diese Weise nicht im Unklaren darüber lassen, wie wir es gern hätten, ja, idealerweise erledigen wir die notwendigen Schritte selbst oder bereiten alles so vor, dass es unsere Kinder im Falle unserer Pflegebedürftigkeit möglichst leicht haben. Und es gilt auch solche Verwandte zu schützen, die meinen, sie könnten selbst die Pflege übernehmen (im Sinne von: »Mama, das machen wir schon!«), sich damit aber schlichtweg im wahrsten Sinne des Wortes übernehmen. Denn ich denke, jeder ältere Mensch möchte zum einen sein gutes Verhältnis zu seiner Familie bewahren und außerdem von jemandem gepflegt werden, der seine Sache auch wirklich versteht und der Situation gewachsen ist.

Dieser Ratgeberteil ist aber auch für jene gedacht, deren Eltern oder Verwandte den wünschenswerten Schritt einer selbstverantwortlichen Entscheidung verpasst haben. Jetzt stehen sie vor der dringlichen Aufgabe, für ihre Angehörigen die bestmögliche Lösung unter den konkreten persönlichen Umständen zu finden. Die schönste Lösung nützt nichts, wenn sie der eigene Geldbeutel nicht erlaubt. Und immer muss man natürlich auch die gesundheitliche Situation des Pflegebedürftigen mit einbeziehen. Für einen Senior, dessen Mobilität stark eingeschränkt ist, dessen geistige Fähigkeiten aber voll erhalten sind, ist eine andere Lösung die beste als für einen Gleichaltrigen, der körperlich fit ist, aber unter einer Demenzerkrankung leidet. Jeder Mensch ist auch in diesem Sinne einzigartig und braucht eine individuelle Lösung.

Also sehen wir uns die verschiedenen Wohnmöglichkeiten einmal an, immer bereits unter dem Gesichtspunkt Pflege, auch wenn wir sie heute noch nicht benötigen. Da es aber in fortgeschrittenem Alter wünschenswert ist, nicht gleich wieder die Umgebung zu wechseln, ist der Pflegefall einmal eingetreten, ist es absolut sinnvoll, schon in guten Jahren eine Wohnform zu finden, in der später auch eine Pflege möglich ist, sei es nun im bisherigen Zuhause, im Betreuten Wohnen, in einer Wohngemeinschaft oder im Pflegeheim.

Auf einen Blick: Welche Alternativen gibt es?

1. Leben in den eigenen »vier Wänden«
   · in der alten Wohnung
   · in einer neuen, seniorengerechten Wohnung
   · im Betreuten Wohnen
2. Leben in der Gemeinschaft
   · Die Wohngemeinschaft
   · Das Mehr-Generationen-Haus
3. Leben im Pflegeheim

Die Wohn- und Pflegealternativen

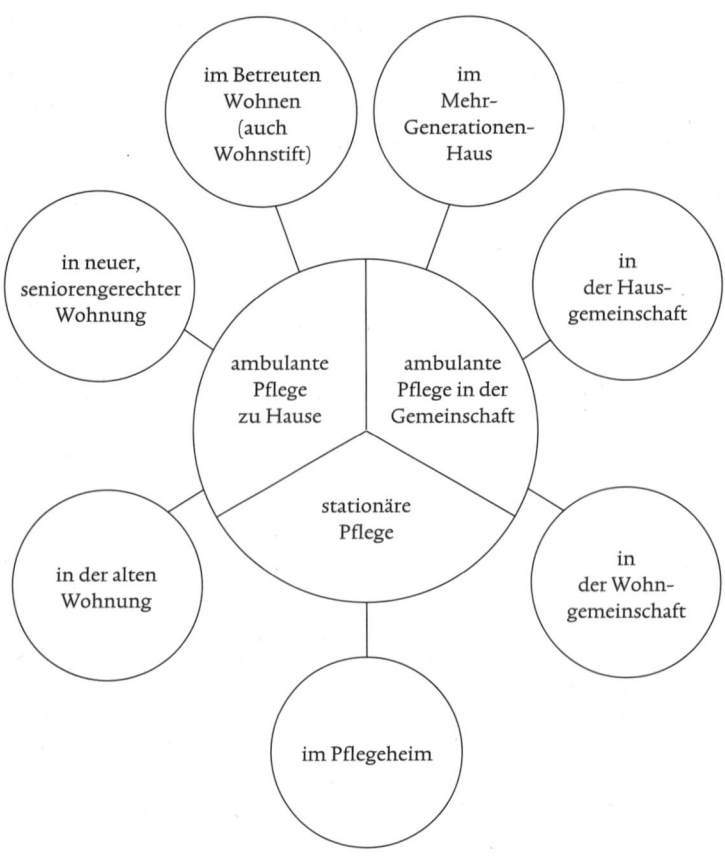

KAPITEL 2

Ambulante Pflege – Die Pflege in den »eigenen vier Wänden«

In der Regel stellt man sich unter einer solchen Situation vor, dass man dort wohnen bleibt, wo man ohnehin schon ist, und sich die entsprechenden Hilfeleistungen ins Haus holt. Dies ist eine Möglichkeit der ambulanten Pflege, aber nicht die einzige. Denn auch wir wohnen im Wohnstift in unseren eigenen vier Wänden, die Pflege kommt nach Bedarf zu uns in die Wohnung. Der Unterschied ist, dass wir unsere »vier Wände« in eine Umgebung verlegt haben, in der die Wohnsituation optimal ist und wo wir bereits ein System an Dienstleistungen vorfanden, das wir in Anspruch nehmen können, wenn wir müssen oder wollen. Gerade vor Kurzem, als ich mir einen unangenehmen Darmvirus eingefangen hatte, erlebte ich dies als Vorzug. Es war eine Gelegenheit, die in unserem Betreuungsvertrag enthaltene »Pflege bei vorübergehender Erkrankung« in Anspruch zu nehmen, und ich muss sagen, es hätte besser nicht sein können. Ein wichtiger Vorteil unserer eigenen vier Wände in der Wohnanlage des Wohnstifts im Vergleich zu der ehemaligen Wohnung im Herzen Münchens liegt eben genau in dieser Infrastruktur, die eine Pflege unkompliziert und jederzeit möglich macht, ohne dass wir oder unsere Angehörigen viel organisieren müssen.

Dies ist der Grund, warum die Kosten für unsere Wohnung relativ hoch sind, wir mieten ja nicht nur die Quadratmeter, sondern bezahlen auch für die Bereitstellung der Infrastruktur. Nehmen wir einen zusätzlichen Dienst in Anspruch wie etwa eine Reinigungsleistung oder eine hauswirtschaftliche Leistung, dann bezahlen wir diese pro Stunde extra. Wir haben also die Variante Betreutes Wohnen gewählt, eine Form der sogenannten ambulanten Pflege.

Doch nun zu den verschiedenen Ausprägungen dieser ambulanten Pflege, der Pflege zu Hause:

Ambulante Pflege – in der gewohnten Umgebung

Besteht der Wunsch, dort zu bleiben, wo man die letzten Jahre oder Jahrzehnte verbracht hat, dann muss man verschiedene Fragen berücksichtigen. Zunächst einmal ist es wichtig zu klären, ob die Wohnung den Anforderungen eines Pflegebedürftigen entspricht. Bei den meisten Senioren beginnen die Einschränkungen in den Beinen und in der Mobilität. Da gibt es in herkömmlichen Wohnungen oft so manchen Stolperstein:

- Gibt es Barrieren, die es schwierig machen, in die Wohnung oder das Haus zu gelangen (Treppen, Stufen, Absätze, Schwellen)?
- Gibt es im Innenbereich Barrieren (Treppen, Stufen, Absätze, Schwellen)?
- Ist das Badezimmer den Bedürfnissen des Nutzers angepasst (Dusche statt Badewanne, keine Schwellen, Haltegriffe usw.)?

Dabei dürfen wir nie vom gegenwärtigen Zustand ausgehen. Wir müssen damit rechnen, dass Stufen und Absätze, die uns gegenwärtig überhaupt nicht stören, einmal zu einem unüberwindlichen Hindernis oder zur Gefahrenquelle werden können. Auch niedrige Schwellen können mit der Zeit zum Problem werden. Wer sich heute noch gut aus der Badewanne erheben kann, der ist dazu in einem Jahr möglicherweise nicht mehr in der Lage. Manchmal bedarf es nur kleiner Veränderungen, wie das Anbringen einiger Haltegriffe und Ähnliches, und die Wohnung ist auch im Alter gut nutzbar. Manchmal allerdings braucht es auch den Mut, größere Umbaumaßnahmen nicht zu scheuen, wie das Anbringen einer Rampe, wo bislang Treppen waren, der Einbau eines Aufzugs, der Umbau des Badezimmers im Sinne von: »Raus mit der Badewanne und rein mit der barrierefreien Dusche ohne Stolperfalle«.

Ich kann nur dazu raten, diese Probleme nicht zu bagatellisieren und allzu weit hinauszuschieben. Zu gut erinnere ich mich an einen jungen Mann, den ich während meiner Tätigkeit bei der Pfennigparade betreute. Er saß jahrelang in einer Dachgeschosswohnung im Rollstuhl fest und war von einem normalen Leben abgeschottet, und das nur, weil er nicht in der Lage war, die Wohnung zu verlassen. So konnte er keine seinen geistigen Fähigkeiten angemessene Ausbildung machen, ja, durch seine Behinderung war er an die Wohnung gefesselt wie ein Gefangener. Erst als wir es ihm ermöglichten, eine rollstuhlgerechte Wohnung zu finden, als er in der Lage war, diese ohne fremde Hilfe zu verlassen, konnte er ein eigenes Leben beginnen. Er holte seine Ausbildung nach und fand eine Arbeit, die ihn erfüllte. Außerdem lernte er andere Menschen seines Alters kennen und hatte auf einmal sozialen Austausch.

Und das lag nur daran, dass ihn eine Treppe von all seinen Möglichkeiten trennte.

Sorgen wir dafür, dass wir aufgrund einer altersbedingten schlechten Mobilität nicht genau in diese Situation geraten. Selbstbestimmt im Alter leben heißt ja auch, ohne fremde Hilfe die Wohnung zu verlassen und zu betreten und uns innerhalb unseres Heims ohne fremde Hilfe zu bewegen. Wer nicht mehr aus dem Haus kommt und unter Bewegungsmangel leidet, der baut schneller ab, körperlich wie geistig. Darum sollte es uns nicht zu viel sein, diese baulichen Probleme ein für alle Mal zu lösen.

Wohnen Sie zur Miete, dann sollten Sie größere Veränderungen der Wohnung mit Ihrem Vermieter absprechen, ohne seine Zustimmung ist es nicht ratsam, umfassende Maßnahmen zu ergreifen. Außerdem empfiehlt es sich, die Aufteilung der Kosten mit allen Betroffenen zu besprechen. Alles, was sich wieder leicht entfernen lässt, wie etwa das Anbringen von Haltegriffen oder Geländer innerhalb der eigenen Wohnung, können Sie natürlich auch ohne Erlaubnis vornehmen.

Sind Sie in eine Pflegestufe eingestuft, dann ist es eine gute Idee, sich auch darüber beraten zu lassen, ob eine Förderung von Seiten der Pflegeversicherung bei Ihren konkreten Umbauten möglich ist.

Wenn Sie sich nicht sicher sind, welches die beste Lösung in Ihren vier Wänden ist, dann lassen Sie sich doch einfach beraten. In vielen Städten und Gemeinden gibt es entsprechende Beratungsstellen und -angebote. Die Adressen bei Ihnen vor Ort teilt Ihnen gern der Berater Ihrer Pflegekasse mit oder Sie erhalten sie bei Pflegediensten und kommunalen Beratungsstellen.

Konkret: Wie sieht es bei Ihnen zu Hause aus?

Hauseingang und Außenbereich:

- Frage: Behindern Stufen, Treppen oder Absätze den problemlosen Zugang? Lösungsmöglichkeit: Rampe mit geeigneter Steigung; Handlauf; Außenaufzug
- Frage: Ist der Weg zum Hauseingang mitunter glatt (bei Nässe, Glätte, aber auch bei Trockenheit)? Lösungsmöglichkeit: aufklebbare rutschfeste Streifen bei Treppenstufen; Auswechseln des Belages
- Frage: Wie gut schließt die Hauseingangstür? Schließt sie zu schwer oder fällt sie zu schnell zu? Lösungsmöglichkeit: Der Widerstand beim Schließen der Tür ist einstellbar.
- Frage: Werden Treppen im Haus zum Problem und ist kein Aufzug vorhanden? Lösungsmöglichkeit: Unter Umständen kann ein Treppenlift sinnvoll sein.
- Frage: Wie sieht es mit der Beleuchtung aus? Lösungsmöglichkeit: Alle Bereiche des Weges ins Haus sollten gut beleuchtet sein, besonders die Hindernisse. Ein Schalter mit Bewegungsmelder ist hilfreich.

In der Wohnung:

- Frage bei Wohnungen auf zwei Etagen: Werden die oberen Räume genutzt oder kann das Wichtigste auf einer Etage untergebracht werden? Lösungsmöglichkeit: Krempeln Sie Ihre Zimmeraufteilung um, wenn dies sinnvoll ist.

- Frage: Gibt es Treppen und Stufen in der Wohnung, die genutzt werden müssen? Lösungsmöglichkeit: Handläufe, möglichst beidseitig. Bei Treppen in die nächste Etage ist ein Treppenlift sinnvoll. Überprüfen Sie den Treppenbelag auf Rutsch- bzw. Stolpergefahr.

- Frage: Gibt es Schwellen in den Türen? Lösungsmöglichkeit: Jede Schwelle sollte entfernt oder geebnet werden. Für Terrassentüren sind auch mobile Rampen geeignet.

- Frage: Gibt es Teppiche in der Wohnung? Lösungsmöglichkeit: Rutschbremsen oder Doppelklebeband; Teppiche gegebenenfalls entfernen

- Frage: Wie gut eignen sich die Türen für Rollator und Rollstuhl? Lösungsmöglichkeit: Türbreiten von 80 Zentimeter sind in der Regel ausreichend. Schmalere Türen sollten durch breitere ersetzt werden, wenn der Raum genutzt werden soll. Eventuell helfen auch zusätzliche Haltegriffe in Türnähe.

- Frage: Entspricht die Einrichtung der Küche den aktuellen Bedürfnissen? Lösungsmöglichkeit: Das, was gebraucht wird, muss leicht zu erreichen sein. Oft genügt es, die Schränke sinnvoll umzuräumen und das zu entfernen, was nicht mehr benutzt wird (wenn zum Beispiel nicht mehr gekocht wird: Töpfe usw.).

- Frage: Kommen Sie schwer ins und aus dem Bett? Lösungsmöglichkeit: Für Senioren ist ein höheres Bett empfehlenswert, prüfen Sie auch die Angebote speziell für Senioren; Griffe zum Festhalten und Hochziehen (von der Liege- in die Sitzhaltung und von der Sitzhaltung zum Stehen)

- Frage: Wie gut sind Lichtschalter in der Wohnung zu erreichen? Lösungsmöglichkeit: Über Funk zu bedienende Steckdosen aus dem Baumarkt schaffen Erleichterung. Geben Sie der Fernbedienung einen festen Platz, dann sparen Sie sich das Suchen.
- Frage: Gibt es Licht auf dem nächtlichen Weg zur Toilette? Lösungsmöglichkeit: Im Schlafzimmer sind Lichtquellen mit Bewegungsmelder unter dem Bett sinnvoll, die automatisch den Gehbereich beleuchten.

Im Badezimmer:
- Frage: Haben Sie Schwierigkeiten beim Be- und Entsteigen der Badewanne? Lösungsmöglichkeit: Technische Hilfen wie Spezialsitze, Haltestangen, Wannenlifte können helfen. Langfristig ist zu überlegen, die Badewanne zugunsten einer barrierefreien Dusche aufzugeben.
- Frage: Ist der Duschwannenrand ein Hindernis? Lösungsmöglichkeit: Heute gibt es Duschwannen mit extrem niedrigem Rand. Mit einem gewissem Gefälle im Fußboden kann sogar auf einen Rand verzichtet werden. Ansonsten helfen zusätzliche Haltegriffe vor und in der Dusche.
- Frage: Fällt es schwer, sich von der Toilette zu erheben? Lösungsmöglichkeit: Es gibt spezielle Sitzerhöhungen; Haltegriffe zum Hochziehen

Dies sind nur einige Beispiele, die Ihnen helfen sollen, Ihre Wohnung oder die Ihres Angehörigen mit neuen Augen zu sehen. Sicherlich fällt Ihnen nun selbst das eine oder andere auf, was man ändern sollte. Es gibt heute Lösungen für Bad und

Schlafzimmer, die den Bedürfnissen alter Menschen gerecht werden und dennoch attraktiv sind. Auch ein modernes Pflegebett sieht heute nicht mehr aus wie im Krankenhaus. Wichtig ist, sich nicht zu scheuen, etwas Neues auszuprobieren.

Im eigenen Haus bietet es sich möglicherweise an, einfach komplett ins Erdgeschoss umzuziehen und dieses passend umzugestalten. In manchen Fällen löst dies bereits eine Menge Probleme.

Wie es sich konkret gestalten kann, im eigenen Haus zu bleiben und sich die entsprechenden Leistungen, die man nicht mehr selbst abdecken kann, dazuzuholen, können Sie an unserem Kostenrechnungsbeispiel auf S. 180 f. sehen.

Ambulante Pflege – Wenn Sie in eine geeignetere Wohnung umziehen

Es kann viele gute Gründe geben, sich von dem gewohnten Umfeld zu trennen und in eine Wohnung umzuziehen, die den eigenen Bedürfnissen besser gerecht wird. Das haben wir schließlich auch getan. Wenn Sie sich dazu entschließen, nicht wie wir in eine Form des Betreuten Wohnens zu ziehen, dann gibt es einige Dinge, die Sie beachten sollten. Selbstverständlich gelten bei der Wahl der Wohnung alle Punkte, die wir bereits im Zusammenhang mit dem eigenen Zuhause angesprochen haben.

Heutzutage gibt es Bauträger, die sich auf altersgerechten, barrierefreien Wohnraum spezialisiert haben. Übrigens ist der Begriff barrierefrei durch die DIN 18025-1: »Wohnungen für Rollstuhlbenutzer« und die DIN 18025-2: »Barrierefreies Wohnen« geschützt. Dennoch ist es sinnvoll, einer solchen zertifizierten Wohnung nicht blind zu vertrauen, sondern sie bei einer Besichtigung genau zu prüfen. Denn es ist schon vorgekommen, dass der Rollator nicht durch die Tür passt oder doch noch irgendwo eine tückische Schwelle lauert. Auf alle Fälle kann es wunderbar sein, in einer solchen speziell auf die eigenen Bedürfnisse hin gebauten Wohnung zu leben, statt die alte mit allerlei Hilfsmitteln auszustatten, die dann eventuell doch nicht ganz den erwünschten Effekt mit sich bringen.

Checkliste für barrierefrei gebaute Wohnungen
Erreichbarkeit:
- Keine Stufen vor der Haustür
- Keine größere Steigung vor der Haustür
- Automatisches Öffnen und Schließen der Haustür
- Innen keine Stufen zur Wohnung, ggf. Lift
- Automatisch öffnende Zwischentüren
- Keine Stufen zu Keller- und Abstellräumen

In der Wohnung:
- Keine Schwellen in der Wohnung
- Keine Schwellen zum Balkon
- Barrierefreie Dusche im Badezimmer
- Platz für Rollator oder Rollstuhl im Badezimmer (auch wenn er im Moment noch nicht gebraucht wird)
- Mindestbreite der Türen 80 Zentimeter

Darüber hinaus spielt natürlich auch das neue Umfeld eine wichtige Rolle. Hier wollen wir die wichtigsten Punkte aufzählen.

Konkret: Wie sieht die Umgebung der neuen Wohnung aus?

- Einkaufen: Wie weit ist es zu einer Einkaufsmöglichkeit für die Dinge des täglichen Bedarfs? Wie gut ist sie zu erreichen?
- Mobilität: Wie gut sind Sie durch öffentliche Verkehrsmittel angebunden? Diese Frage ist auch wichtig, wenn Sie noch Auto fahren. Denn mit zunehmendem Alter kann das eigene Auto immer weniger genutzt werden.
- Sicherheit: Fühlen Sie sich in der neuen Umgebung sicher und wohl? Können Sie auch abends allein zum Bus gehen, ohne sich zu fürchten?
- Soziale Kontakte: Wie weit ist es zu Ihren Freunden und Verwandten? Können Sie die auch weiterhin gut erreichen und umgekehrt?
- Medizinische Versorgung: Wie weit ist es zu Ihrem Hausarzt?

Mit dem Umzug in eine Wohnung, die für ältere Menschen besser geeignet ist, vollziehen Sie einen wichtigen Schritt zur Erhaltung der eigenen Selbstständigkeit und der Lebensqualität. Wenn Sie allerdings irgendwann einer Pflege bedürfen, dann muss sie, genauso wie in der alten Wohnung, ins Haus geholt und im Grunde genommen »eingekauft« werden.

Wenn Sie sich an einen Pflegedienst wenden, kann es sein, dass er alles abdeckt, was Sie brauchen. Wenn nicht, organisieren die meisten Pflegedienste für Sie die Versorgung, die Sie konkret benötigen: Pflege, Essensversorgung und auch Hilfe im Haushalt oder Garten usw. Auch die Pflegeberater der Pflegekassen sind verpflichtet, Sie zu beraten und bei einem Versorgungsarrangement behilflich zu sein.

In der Wohnform des Betreuten Wohnens dagegen wird es einem einfach gemacht, denn alle Dienstleistungen stehen auf Abruf und gegen Entgelt zur Verfügung. Auf diese Art des Wohnens wollen wir im Folgenden näher eingehen.

Ambulante Pflege – im Betreuten Wohnen

Eigentlich ist diese Bezeichnung ein wenig irreführend. Denn Betreutes Wohnen heißt nicht, dass andauernd jemand vorbeikommt und einen betreut, ganz im Gegenteil. In dieser Wohnform lebt man in seiner eigenen Wohnung wie in jeder anderen auch, und wenn man es nicht möchte, dann kommt überhaupt niemand vorbei. Im Gegenteil, betreut wird man im Betreuten Wohnen nur dann, wenn man sich diese Zusatzleistung wünscht – das heißt bestellt und auch bezahlt.

Der Begriff Betreutes Wohnen ist nicht geschützt und garantiert nicht von sich aus bestimmte Leistungen, sondern variiert von Anbieter zu Anbieter. Grundsätzlich wird der Begriff Betreutes Wohnen verwendet, wenn seniorengerechte Wohnungen in Kombination mit einer Basisdienstleistung und auf Wunsch abrufbaren weiteren Zusatzleistungen angeboten werden. Die Basisleistungen sind in der Regel:

- Notrufanlage
- Ansprechpartner für Fragen und Probleme
- Personal im Notfall

Die Bereitstellung dieser Grundleistungen mietet man mit der Wohnung mit, sie sind als Paket nicht einzeln verhandelbar.

Eine Ausnahme dazu bildet das sogenannte Bielefelder Modell, das es bald nicht mehr nur in Bielefeld geben wird, wo es entstanden ist, sondern auch in anderen Kommunen, beispielsweise in Stuttgart, Essen und München. Bei diesem Modell stellt eine Wohnungsbaugesellschaft oder ein Vermieter seniorengerechte Wohnanlagen zur Verfügung, in denen Pflegedienste eingeplant sind – also ganz ähnlich wie bei uns. Der Unterschied ist, dass die Mieter für die bereitgestellte Betreuung keine Pauschalen in ihrer Miete bezahlen, sondern nur die Leistungen, die sie tatsächlich in Anspruch nehmen.

Bei bestimmten Anbietern des herkömmlichen Betreuten Wohnen beinhaltet das Dienstleistungspaket noch mehr Leistungen, die allerdings differieren können. So finden sich in den Angeboten auch:
• Pflege bei vorübergehender Erkrankung
• Verpflegungsangebote wie gemeinsamer Mittagstisch bis hin zu Restaurantangeboten
• Freizeitangebote, mehr oder weniger umfangreich

Diese Dienstleistungen müssen einzeln dazugebucht werden, je nach Wunsch und Bedarf. Wenn wir also möchten, dass regelmäßig jemand nach uns sieht, dann melden wir das an und es wird uns in Rechnung gestellt. Eigentlich wäre die Bezeichnung »Altersgerecht wohnen – auf Wunsch betreut« korrekter.

Übrigens kann man so wohnen und im Bedarfsfall dennoch Pflege von außen, von einem anderen Anbieter buchen. Das Wohnen in einer Einrichtung des Betreuten Wohnen verpflichtet die Bewohner nicht dazu, ausschließlich auf die Angebote der Einrichtung zurückzugreifen. Allerdings sollte man meiner Meinung nach, bevor man einzieht, sehr genau prüfen, ob das Dienstleistungspaket, das die Einrichtung anbietet, interessant für einen ist. Es sind schließlich die Vereinfachungen durch die Angebote der Anbieter, die das Leben im Betreuten Wohnen so angenehm machen. Andernfalls kann man ja auch in seiner bisherigen Wohnung bleiben, im Regelfall bei niedrigerer Miete.

Da es so viele Varianten des Betreuten Wohnen gibt, lohnt es sich, ganz genau hinzusehen, wie es sich mit den einzelnen Leistungen tatsächlich verhält. Das ist der Grund, warum ich damals, als sich bei uns die Frage stellte, so genau recherchiert und mir so viele Häuser angesehen habe.

Gerade in den letzten Jahren entstehen immer mehr Häuser, die Betreutes Wohnen anbieten. Dadurch wächst ein vielfältiges Angebot unterschiedlicher Preisklassen heran. Bei der Entscheidung, wohin man ziehen möchte, spielen sicher zwei Punkte eine wesentliche Rolle, und die Quersumme aus beiden verweist dann auf die Lösung: die persönlichen Interessen und Wünsche und die finanziellen Verhältnisse.

Auf die finanziellen Varianten werden wir später noch zu sprechen kommen.

Betreutes Wohnen – Worauf kommt es an?

- Wie sind die Wohnungen beschaffen? Fühlen Sie sich wohl? (Siehe dazu auch die Checklisten unter barrierefreies Wohnen auf Seite 151.)
- Wie sieht es mit den angebotenen Dienstleistungen aus? Alles dabei, was Sie brauchen?
- Wie ist die Wohnung gelegen und wie sieht das Umfeld aus?
- Wie ist das Freizeitangebot? Wie viel davon interessiert Sie persönlich? Was werden Sie nutzen wollen?
- Gehört die Pflege im Fall einer kurzfristigen Erkrankung mit zum Leistungspaket? Vergleichen Sie die Kosten und die Leistung.

Siehe dazu auch den ausführlichen Fragebogen auf S. 69 ff.

KAPITEL 3

Pflege in der Gemeinschaft

Mit dem Ende der Großfamilie im Laufe des vergangenen Jahrhunderts hat das Leben in selbst gewählten Gemeinschaften eine neue Bedeutung gewonnen. Früher war es selbstverständlich, dass die Alten in der Familie blieben und dort versorgt wurden. Seit die Kleinfamilie die Großfamilie ersetzt hat, ist dies nicht mehr der Regelfall, sondern eher die Ausnahme. Bereits im ersten Teil dieses Buches habe ich deutlich gemacht, dass ich persönlich dieser Veränderung keine Träne nachweine. Es ist einfach eine Erscheinung unserer Gesellschaft, und dem sollte man Rechnung tragen.

Dennoch gibt es Menschen, die gern in Gemeinschaft mit anderen leben und sich diese Form auch für das Alter wünschen. Es gibt, wie bei allem, Argumente dafür und dagegen. Jeder, der sich diese Variante überlegt, wird sich mit ihnen beschäftigen.

Alleinsein contra Teilen: Vor- und Nachteile des gemeinschaftlichen Wohnens

In der eigenen Wohnung, auch im Betreuten Wohnen, ist man Hausherr oder Hausherrin und kann selbst oder gemeinsam mit seinem Partner über alles entscheiden.

Lebt man mit anderen Menschen in einer Form der Gemeinschaft zusammen, hat man diese Hoheitsgewalt nur über den persönlichen Wohnraum. Für die gemeinsam benutzten Bereiche, und das sind meist Küche, Bade-, Wohn- und Esszimmer, gelten gemeinschaftliche Regeln, die man mit den anderen Bewohnern diskutieren und beschließen muss. Auch die Gestaltung der gemeinsam genutzten Räume muss mit den anderen besprochen werden.

Das betrifft auch das Essen: Während man in der eigenen Wohnung (vorausgesetzt, man ist noch in der Lage, selbst zu kochen) den Speiseplan selbst gestalten kann, muss man ihn in der Gemeinschaft mit den anderen abstimmen.

Dagegen ist man in der eigenen Wohnung für alles selbst verantwortlich. Eine Gemeinschaft kann einem viel abnehmen, zum Beispiel ist sichergestellt, dass es täglich eine warme Mahlzeit gibt.

Ein weiteres wichtiges Thema ist das Alleinsein, und ich glaube, dass dies einer der wesentlichen Gründe bei einer Entscheidung für eine Wohngemeinschaft ist. In der eigenen Wohnung ist man allein, wenn niemand zu Besuch kommt. In einer Wohngemeinschaft oder einem Pflegeheim ist man in seinem Zimmer allein. Aber in den gemeinschaftlich genutzten Räumen findet man leicht Gesellschaft. Auch die Mahlzeiten sorgen dafür, dass man »unter die Leute« kommt.

Und am Ende ist es mit Sicherheit eine ganz individuelle Frage, ob sich jemand für eine Wohngemeinschaft im Alter eignet oder nicht. Es kommt sehr darauf an, welche Art von Leben der Einzelne geführt hat, wie gern er sich mit anderen Menschen verständigt und auseinandersetzt, wie wichtig ihm Gesellschaft ist oder welchen Wert er auf Rückzug und Privatsphäre legt.

Das Leben in einer Gemeinschaft kann auch für Menschen mit beginnender Demenz, die sich allein in der alten Wohnung nicht mehr sicher fühlen oder gefährdet sind, eine gute Sache sein.

Die Wohngemeinschaft

Die Wohngemeinschaft als Lebensform kennt man besonders aus der Zeit der Studentenbewegung und assoziiert damit in der Regel junge Menschen. Aber auch selbst gewählte Wohngemeinschaften von Alt und Jung oder Alt und Alt gibt es seit rund drei Jahrzehnten. Dabei spielt der Wunsch, eine sinnvolle Alternative zum Pflegeheim zu finden, eine große Rolle. In den letzten 15 Jahren entstanden aus diesem gemeinsamen Interesse heraus verstärkt neue derartige Wohngemeinschaften, doch sind sie nicht in ganz Deutschland gleichermaßen stark vertreten. Die meisten zählt man derzeit in Berlin, denn dort gibt es attraktive Finanzierungsbedingungen der Sozialhilfe für solche Modelle.

Die Organisation einer Wohngemeinschaft funktioniert folgendermaßen: In einer großen Wohnung oder in mehreren zusammengelegten Wohnungen im selben Haus leben meist sechs bis zwölf Pflegebedürftige. Es gibt privat genutzten Wohnraum (Wohnung oder Zimmer) und gemeinschaftliche Bereiche. Die Bewohner der Wohngemeinschaft beauftragen je nach Bedarf Pflegedienste und gegebenenfalls weitere Dienstleister. Dies betrifft die gemeinsame Versorgung wie Verpflegung, Einkaufen, Reinigung, geht weiter bei der individuell benötigten Grund- und Behandlungspflege und reicht bis zu Betreuungs- und Beaufsichtigungsleistungen für alle. Das heißt, dass ständig eine Pflege- oder Betreuungsperson anwesend ist und sich im Bedarfsfall um die Bewohner der Wohngemeinschaft kümmern kann. Was für einen Einzelnen viel zu teuer und zu aufwendig wäre, wird hier durch die gemeinsame Inanspruchnahme möglich. Der persönliche Charakter dieser Wohnform spiegelt sich auch darin, dass regelmäßig Angehörigentreffen organisiert werden, um dieselben auf dem Laufenden zu halten und in das Leben der Wohngemeinschaft zu integrieren.

Diese Form der Wohngemeinschaft unterscheidet sich von der Struktur eines Pflegeheims in einem wesentlichen Punkt: Die Bereitstellung des Wohnraums und die der Pflege liegen bei der Wohngemeinschaftslösung in unterschiedlichen Händen. Die Wohnung wird beispielsweise von einer Wohnungsbaugesellschaft gegen Miete den einzelnen Bewohnern zur Verfügung gestellt, während für die Pflege ein Pflegedienst verpflichtet wird. Das heißt, dass die Bewohner den Pflegedienst jederzeit kündigen können, um einen anderen zu engagieren. Außerdem kann nach Absprache auch jeder Bewohner einen anderen Pflegedienst wählen, wenn er dies für richtig hält.

Also ist hier das Moment der Selbstbestimmung und der Freiheit in der Entscheidung sehr hoch. Und natürlich gelten auch bei auf diese Weise vereinbarter Pflege in Wohngemeinschaften die gleichen Qualitätsmaßstäbe wie für jeden Pflegedienst und jedes Pflegeheim.

Mehr-Generationen-Wohnen

Eine andere Ausprägung der Wohngemeinschaften bilden die sogenannten Mehr-Generationen-Häuser. Hier wird die Idee umgesetzt, dass sich nicht nur Alt gern zu Alt gesellt, sondern dass die Generationen zusammenleben. Ein prominentes Beispiel ist der frühere Bremer Bürgermeister Henning Scherf, der mit seiner Frau bereits im Alter von Anfang 50 in ein solches Mehr-Generationen-Haus mit acht Parteien einzog. Gut 20 Jahre später steht er noch immer voll hinter seiner Entscheidung.

Im Großen und Ganzen funktionieren das Zusammenleben und die Organisation wie in jeder anderen Wohngemeinschaft und basieren auf gemeinsamen Absprachen.

Bei dieser Wohnform nutzt man die Vorzüge der Großfamilie, ohne ihre Nachteile auf sich zu nehmen. Denn hier wird man in die Gemeinschaft nicht hineingeboren, sondern man sucht sich seine »Familie« selbst aus. Der Gedanke, dass jüngere Menschen älteren helfen in dem Bewusstsein, einmal selbst auf die Hilfe jüngerer angewiesen zu sein, ist für viele Menschen attraktiv. Außerdem profitieren alle vom Umgang miteinander.

Auch hier gibt es verschiedene Varianten. Meist bestehen diese Mehr-Generationen-Häuser aus einzelnen Wohnungen und gemeinsam genutzten Räumlichkeiten, wie zum Beispiel Küche und Aufenthaltsraum, oder Wohngemeinschaften mit privat genutzten Zimmern und gemeinsamen Räumen. Viele dieser Projekte sind selbst organisiert und darum für Menschen, die eine solche Wohnform suchen, oft schwer zu finden.

Pflegedienste und Beratungsstellen, die Berater der Pflegekassen und nicht zuletzt die Städte und Gemeinden kennen in der Regel die bestehenden Gemeinschaften und können einen Kontakt vermitteln.

Interessiert man sich für eine solche Wohngemeinschaft, dann muss man sich erkundigen, wie das Zusammenleben im konkreten Fall geregelt ist und wie die Leistungen aussehen. In den meisten Fällen muss man sich auch »bewerben«, denn wird ein Platz in einer derartigen Gemeinschaft frei, dann haben die Bewohner natürlich ein Interesse daran, jemanden zu finden, der zu ihnen passt. Das ist aber auch umgekehrt wichtig. Denn nur wenn die Chemie stimmt, wird es in einer solchen Art des Zusammenlebens harmonieren. Wie gesagt: Man sucht sich eine Art moderne Großfamilie, und die sollte man sich genau anschauen.

KAPITEL 4

Das Pflegeheim

Obwohl es also verschiedene Möglichkeiten gibt, wohnen die meisten alten Menschen heute zu Hause. Erst wenn es gar nicht mehr anders geht, entschließt man sich schweren Herzens für einen Umzug ins Pflegeheim. Rund 10 000 solcher Einrichtungen gibt es in Deutschland und damit bieten sie mit Abstand die meisten Plätze für Pflegebedürftige außerhalb der eigenen vier Wände an.

Obwohl jeder eine Meinung zum Thema Pflegeheim hat, entspricht die Vorstellung, wie es in einem solchen aussieht und zugeht, meist nicht der tatsächlichen Situation. In die sehr kontrovers und mitunter polemisch geführte Diskussion um den Zustand in diesen Häusern möchte ich mich hier nicht einmischen, zu komplex sind die Hintergründe und die unterschiedlichen Interessen.

Tatsache ist, dass es innerhalb dieser Gruppe gewaltige bauliche Unterschiede gibt, je nachdem, wann das Heim erbaut wurde. Denn im Lauf der vergangenen drei, vier Jahrzehnte hat sich der Standard entscheidend gewandelt. Selbst wenn in den meisten Heimen inzwischen renoviert wurde, so entspricht allein schon die Architektur beispielsweise vieler Häuser aus den siebziger Jahren nicht mehr unseren Vorstellungen von einem angenehmen Wohnen.

Einige der moderneren Pflegeheime dagegen könnte man auf den ersten Blick für ein komfortables Hotel halten. Ob man sich aber in einem solchen wohler fühlen wird als in einem älteren, auf den ersten Blick bescheideneren, das ist nicht unbedingt garantiert. Die Qualität der Pflege selbst, auf die es ja letztendlich ankommt, sollte eigentlich in jedem Pflegeheim gegeben sein. Natürlich sind es immer Menschen, die diese Arbeit leisten, und entsprechend werden die Atmosphäre und das Arbeitsklima variieren. Sogenannte »gute« oder »weniger gute« Pflege hängt davon ab, wie das Pflegepersonal sie leistet, und meist kann man dies schon an der Leitung erkennen. Ein gestresster Heimleiter, der viel zu klagen hat, lässt in der Regel auf eine weniger optimale Organisation des Hauses schließen. Ist ein Haus personell gut strukturiert, dann bietet es in der Regel die beste Pflege – ganz egal in welcher Architektur sie stattfindet.

Für die Entscheidung, welches Haus das richtige für Sie oder Ihren Angehörigen ist, möchte ich Ihnen im Folgenden ein paar Anhaltspunkte nennen.

Welches sind die wesentlichen Unterschiede?

Man unterscheidet heute zwischen mehreren sogenannten Generationen von Pflegeheimen. Dabei geht es nicht nur um das äußere Erscheinungsbild der Einrichtung, sondern auch um die inhaltliche Organisation. Und genau an dieser erkennen Sie sofort, um welche Generation es sich im Einzelfall handelt.

Pflegeheime der »zweiten Generation«

Diese prägen eigentlich das Vorurteil, das wir alle von Pflegeheimen haben: Sie erinnern in ihrer Struktur an ein Krankenhaus. Langer Gang, von dem viele kleine Zimmer abzweigen, großer Speisesaal, Gemeinschaftsraum, Raucherecke. Wer eine Alternative hat, der wird sich ein solches Heim nicht aussuchen.

Pflegeheime der »dritten Generation«

Diese in Wohngruppen organisierten Häuser sind wohl am häufigsten anzutreffen. Rund 15 bis 30 Menschen bilden eine solche Wohngruppe, in der sich das gesamte Zusammenleben abspielt: angefangen bei gemeinsam eingenommenen Mahlzeiten bis zu Unternehmungen und Freizeitangeboten in der Gruppe. Das Essen wird aus der zentralen Küche in die Wohngruppe geliefert.

Pflegeheime der »vierten Generation«

Hier finden Sie Wohngemeinschaften mit rund acht bis zwölf Personen vor. Diese Gemeinschaften, die man auch Hausgemeinschaft nennt, sind also deutlich kleiner als die Wohngruppen. Vieles, was in den Häusern der »dritten Generation« zentral organisiert wird, findet innerhalb der Wohngemeinschaft fast wie zu Hause statt. So wird das Essen nicht aus der Zentralküche geliefert, sondern in der zur Gemeinschaft gehörenden Küche gekocht, oft unter Mithilfe der Bewohner. Um gemeinsame Aufgaben, wie zum Beispiel die Wäsche, kümmern sich die Bewohner mithilfe des Personals oder, wenn möglich, selbst. Solche Abläufe stärken die Eigeninitiative und -verantwortung des Einzelnen, das Heim bietet lediglich den äußeren organisatorischen Rahmen. Darüber hinaus gibt es gruppenübergreifende Angebote und Versorgungen.

Für viele ältere Menschen, die ins Pflegeheim umziehen, ist der Verlust an Verantwortung und Beschäftigung oft das größte Problem. Das wird von Angehörigen meist unterschätzt, die den Betroffenen gern alles abnehmen wollen im Sinne von: »Jetzt lass dich doch mal verwöhnen!« Dass für die meisten Betroffenen dadurch ein großer Teil an Lebenssinn verloren geht, wird oft übersehen. Vor allem in einer Generation, die sich über Arbeit und Leistung definiert, ist völlige Untätigkeit der Beweis ihrer Nutz- und Wertlosigkeit. Und das ist bekanntlich der Anfang vom Ende. Aus diesem Grund werden die Bewohner in den Hausgemeinschaften nicht nur »bedient«, sondern wo immer möglich und sinnvoll bei einem Teil der früher selbstverständlichen Hausarbeit mit einbezogen.

Um welchen Heimtyp es sich im Einzelfall handelt, dazu werden Sie nicht immer Angaben im jeweiligen Heimprospekt finden. Da Sie jetzt aber um die unterschiedlichen Wohnstrukturen wissen, können Sie die entsprechenden Pflegeheime ganz einfach daran erkennen. Ist von einer Wohngruppe die Rede, dann handelt es sich um ein Haus der »dritten Generation«. Ist die Struktur in Wohngemeinschaften oder Hausgemeinschaften gegliedert, sprechen wir von der »vierten Generation«.

Varianten der Unterbringung im Pflegeheim

In den meisten Heimen gibt es Einzel- oder Doppelzimmer. Letztere sind etwas günstiger im Preis pro Person als die Einzelzimmer. Zieht man mit seinem Partner ein, ist zu überlegen, ob man sich ein Doppelzimmer teilen möchte oder ob sich jeder ein einzelnes Zimmer, vielleicht nebeneinander, leistet. Dies ist natürlich eine Kostenfrage, doch sollte man es sich tatsächlich in Ruhe überlegen und, wenn der Wunsch besteht, durchrechnen, ob es möglich ist. Immerhin hat man dann als Paar zwei Zimmer zur Verfügung.

Es gibt aber auch die Situation, in der sich zwei Menschen, die sich vorher gar nicht kannten, ein Zimmer teilen. Auch das sollte man sich gründlich überlegen. Es gibt Menschen, die nicht gern allein sind, die sich verlassen fühlen würden und froh wären, Gesellschaft zu haben. Auf diese Weise sind schon wunderbare Freundschaften entstanden. Auch für Demenzkranke ist das geteilte Zimmer oft die angenehmere Lösung.

Für diese Gruppe gibt es noch ein weiteres innovatives Wohnmodell, nämlich die sogenannten Pflegeoasen. Hinter dieser Bezeichnung verbergen sich großzügige Räume, die auch schon einmal 200 Quadratmeter umfassen können, in denen zwischen vier und sechs Menschen gemeinsam mit dem Pflegepersonal leben und rund um die Uhr betreut werden. Die Pflegeoasen sind so gestaltet, dass jeder seinen eigenen, abgeschirmten Bereich hat und dennoch nie allein ist. Diese Versorgungsform, die in der Schweiz entwickelt wurde, wird von Demenzpatienten wie etwa Alzheimerkranken als wohltuend und beruhigend empfunden.

Ob Einzel-, Doppelzimmer oder Pflegeoase – auf keinen Fall sollte ein alter Mensch aus Kostengründen gegen seinen Willen mit einer ihm fremden Person in ein Zimmer eingemietet werden. Allein der Schritt, sein Zuhause aufzugeben, ist einschneidend genug. Haben die älteren Menschen dann nicht einmal mehr die Rückzugsmöglichkeit ins eigene Zimmer, fühlen sie sich endgültig abgeschoben und ausgeliefert.

Damit man die freie Wahl hat, in welchem Pflegeheim und wie man darin untergebracht sein möchte, ist es wichtig, sich frühzeitig mit dem Thema zu befassen und es nicht erst im Notfall mit einzubeziehen. Denn dann kann es vorkommen, dass in dem Pflegeheim, das man als angenehmer empfindet, im Moment nun mal kein Platz frei ist. Ja, nicht einmal ein Einzelzimmer ist garantiert, wenn man von heute auf morgen einziehen muss. Dann muss man notgedrungen das Zimmer mit einem anderen Menschen teilen, den man sich nicht ausgesucht hat. Wer aber in Ruhe im Voraus plant, der kann sich rechtzeitig anmelden und auf die Unterbringung warten, die er sich wünscht. Vorausschau und Planung bedeuten auch hier, sein Leben entscheidend nach seinen ganz eigenen Vorstellungen zu gestalten.

Die Leistungen im Pflegeheim

Sucht man sich bei der ambulanten Pflege die nötigen Leistungen einzeln zusammen und bezahlt auch unterschiedliche Rechnungen – beispielsweise für Pflege, für geliefertes Essen, für Putzhilfe –, so sind diese Einzelleistungen im Pflegeheim vor Ort vorhanden. Die notwendige Versorgung richtet sich nach der Pflegestufe und der gesundheitlichen Situation. Dementsprechend schlüsselt sich auch der Heimvertrag, den man bei Einzug abschließt, in unterschiedliche Bereiche auf. Diese sind:

1. Allgemeine Pflegeleistungen:
   · Die für den Bewohner notwendigen Pflegeleistungen
   · Ärztlich angeordnete Behandlungspflege
   · Soziale Betreuung

2. Hauswirtschaftliche Versorgung (Hotelkosten
   bzw. Unterkunft und Verpflegung):
   · Verpflegung
   · Allgemeine Reinigung und Instandsetzung
     (Hausmeister)
   · Nebenkosten der Wohnung (Heizung, Strom usw.)

3. Investitionskosten:
   · Vermietung eines Zimmers
   · Mit oder ohne Bad (Gemeinschaftsnutzung)
   · Mitbenutzung der Gemeinschaftsräume

4. Zusatzleistungen
   · Telefonanschluss
   · Ausflüge
   · Anderes

Die Pflegeleistungen (siehe den ersten Punkt unter 1), die Sie als Vertragspartner des Pflegeheims erhalten, richten sich nach Ihrer Pflegestufe und Ihren Bedürfnissen. Während Sie bei der Pflege zu Hause konkrete und sehr detaillierte Vereinbarungen darüber treffen, was an Pflege geschieht (etwa jeden Morgen duschen) und Ihnen in Rechnung gestellt wird, so ist dies im Pflegeheim anders: Auf Basis der Pflegestufe und des Gesundheitszustandes sowie der eigenen Wünsche wird eine Pflegeplanung erstellt, nach der das Pflegepersonal die Leistungen erbringt. Individuelle Vorlieben haben so jedoch weniger Platz als zu Hause, auch weil das Heim pauschal bezahlt wird und nicht nach dem Aufwand für den Einzelnen. Das setzt das Vertrauen voraus, für den Bewohner wie für den Angehörigen, dass das Heimpersonal auch alle notwendigen Leistungen erkennt und erbringt. Damit Sie dieses Vertrauen zur Heimleitung und zum Pflegepersonal aufbauen können, ist es ratsam, sich vor der Entscheidung für oder gegen ein bestimmtes Pflegeheim eingehend mit den dortigen Verhältnissen bekannt zu machen.

Um sich ein Bild über die Qualität eines Pflegeheims zu machen, führt kein Weg daran vorbei, dasselbe direkt vor Ort zu besuchen.

Im Rahmen der Pflegereform im Sommer 2008 wurde festgelegt, dass jedes Heim bis 2010 vom Medizinischen Dienst der Krankenversicherung (MDK) überprüft wird, danach sollen jährliche Kontrollen erfolgen. Außerdem gibt es auch von den Kommunen bestellte Heimaufsichten, die ebenfalls ein Auge auf die Qualität der Häuser haben. Die Ergebnisse der Prüfung durch den Medizinischen Dienst der Krankenversicherung (82 Prüfkriterien werden mit Schulnoten bewertet) sind im Internet zu veröffentlichen und im Heim gut sichtbar aufzuhängen. In diese Bewertungen gehen auch die Ergebnisse von Bewohnerbefragungen ein.

Allein schon die Häufigkeit der Prüfung gewährleistet eine gewisse Grundqualität aller zugelassenen Häuser.

Unabhängig von der Bewertung von außen müssen wir uns auf unser eigenes Gespür und den gesunden Menschenverstand verlassen und einige Zeit in dem betreffenden Heim verbringen, um einschätzen zu können, wie liebevoll und professionell dort mit den Pflegebedürftigen umgegangen wird.

Die Spreu vom Weizen trennen

Wer sich einen Überblick darüber verschaffen möchte, welche Heime sich in seiner nächsten Umgebung befinden, der kann sich auf den detaillierten Internetseiten der Krankenversicherungen informieren. Außerdem verfügen die Pflegekassen über aktuelle Adress- und Preislisten und stellen Ihnen diese gern zur Verfügung.

Pflegedienste für ambulante Pflege:

Datenbank der AOK: www.aok-pflegedienstnavigator.de
Datenbank Paula der BKK: www.bkk-Pflege.de/Paula

Pflegeheime:

Datenbank der AOK: www.aok-pflegeheimnavigator.de
Datenbank Paula der BKK: www.bkk-Pflege.de/Paula

Trauen Sie Ihren Sinnen!

Kleine Checkliste für Ihren Informationsbesuch im Pflegeheim:

1. Halten Sie die Augen auf:
   · Wie wirken die Bewohner auf Sie (zufrieden / desorientiert / sauber / vernachlässigt ...)?
   · Wie ist das Haus baulich gestaltet (freundlich / klaustrophobisch / verwinkelt / übersichtlich ...)?
   · Wie sind die Räume gestaltet (grau in grau / farblich angenehm gestaltet / dunkel / licht ...)?
   · Wie sind die gemeinschaftlich genutzten Räume eingerichtet (ansprechend / funktional / hässlich / liebevoll / lieblos / kitschig ...)?
   · Wie wirken die Pfleger auf Sie (freundlich / gestresst / kompetent / gehetzt ...)?
   · Wie sieht die Außenanlage aus (liebevoll gestaltet / verwildert / Blumen, Bäume, Sträucher / kahl / großzügig / klein ...)?
   · Werden Ihnen alle Bereiche gezeigt (soweit es die Bewohner erlauben auch unterschiedliche Zimmer derselben, Aufenthaltsräume für Pfleger, Küche ...)?
   · Wie gehen die Menschen miteinander um (Berührungen / Körpersprache ...)?

2. Was sagt Ihnen Ihre Nase:
   · Es riecht angenehm und frisch
   · Es riecht nach Desinfektionsmittel
   · Es riecht nach Küche

- Es riecht nach Urin
- Es riecht nach Kot
- Es riecht nach Erbrochenem
- Es riecht nach gar nichts

3. Trauen Sie Ihren Ohren
   - Sie hören Lachen
   - Sie hören Singen und Musizieren
   - Sie hören angeregte Unterhaltung
   - Sie hören den Fernseher
   - Sie hören die Stimmen des Pflegepersonals (freundlich / autoritär / humorvoll / genervt ...)
   - Sie hören Weinen
   - Sie hören Schreien

Diese Liste soll Sie dazu anregen, bei Ihrem Besuch noch viel mehr Sinneseindrücke in sich aufzunehmen. Die Heimleitung wird Ihnen die Fakten in allen Details erläutern und wahrscheinlich auch schriftlich zum Nachlesen mit nach Hause geben. Unschätzbar aber sind die ersten Eindrücke, die rasch wieder verblassen können und doch so wichtig sind für die richtige Entscheidung.

Achten Sie einfach auch auf die kleinen Dinge, die Ihnen persönlich in Ihrem Umfeld wichtig sind: Gibt es frische Blumen in den Räumen? Werden die Topfpflanzen gepflegt? Spontane Gespräche mit Heimbewohnern können ebenfalls einen Eindruck vermitteln. Dabei sollten Sie nicht nur auf das Äußere schauen: Eine unordentlich frisierte alte Dame muss noch kein Anzeichen für Verwahrlosung sein – vielleicht möchte sie es einfach lieber so. Ein wichtiges Kriterium ist also auch die Frage nach dem Raum an Individualität. Wir selbst oder unsere Angehörigen sollen ja keinem Regime unterworfen werden, das zum Rasieren oder Frisieren zwingt.

Haben Sie aus den verschiedenen Angeboten ein Pflegeheim ausgewählt, das Ihnen am geeignetsten erscheint, dann gibt es bei einigen Einrichtungen die Möglichkeit, zur Probe zu wohnen. Außerdem bieten viele Häuser auch Kurzzeitpflegeplätze an. Die Kurzzeitpflege ist dann möglich, wenn Pflegebedürftige kurzzeitig zu Hause nicht versorgt werden können, weil beispielsweise die Angehörigen nicht da sind. Dies ist eine gute Gelegenheit zu testen, ob es einem in diesem Haus gefallen könnte, ohne dass man sofort »für alle Zeiten« einzieht.

Auch wenn dieser Test positiv ausfällt und man nach der Kurzzeitpflege die Entscheidung für einen Einzug in das betreffende Heim trifft, empfiehlt es sich, zunächst für eine bestimmte Zeit noch einmal nach Hause zu gehen, um dann den endgültigen Einzug in aller Ruhe zu organisieren. Sich genügend Zeit zu lassen und den Umzug Schritt für Schritt zu vollziehen hilft später, sich auch gut einzuleben und dauerhaft im Pflegeheim zufrieden und glücklich zu sein, statt mit der Entscheidung zu hadern.

Dabei sollte man nie vergessen, dass man den Heimvertrag, wie jeden anderen Vertrag auch, wieder kündigen kann, wenn man es sich anders überlegt oder man lieber in ein anderes Heim einziehen möchte. In diesem Sinne ist die Entscheidung weniger endgültig, als es die meisten Menschen empfinden.

Die Kosten

Nachdem wir nun alle Möglichkeiten des Wohnens im Alter dargelegt haben, kommen wir zu einem unvermeidlichen und komplexen Thema: den Kosten.

Es gibt umfangreiche Bücher zu diesem Themenbereich und im Rahmen dieses Buches können wir nur einen kurzen Überblick, eine grundlegende Orientierung anbieten. Hat man einmal die Grundsystematik verstanden, wie Pflege bei uns aufgeschlüsselt und abgerechnet wird, dann fällt einem der Umgang mit den komplizierten Tabellen der Pflegekassen und -heime doch etwas leichter.

Im Folgenden zeigen wir mit Tabellen der Reihe nach für alle Wohnmodelle, welche Kostenpunkte in Rechnung gestellt werden und wer was bezahlt – vorausgesetzt, der Betroffene ist in eine Pflegestufe eingeteilt. Danach finden Sie einige konkrete Beispiele, aufgefächert nach den verschiedenen Wohnformen. Eine Liste mit weiterführender Literatur und nützlichen Internetadressen helfen Ihnen, sich dann je nach Bedarf im Detail zu informieren.

Kosten für ambulante Pflege

Wenn der Betroffene nicht in eine Pflegestufe eingeteilt wurde:

Krankenkasse	Privat zu tragen
Ärztlich verordnete Behandlungspflege	Wohnraum
Ärztlich verordnete Hilfsmittel (zum Beispiel Rollstuhl)	Verpflegung
	Alles andere

Ist der Betroffene von der Pflegekasse eingestuft:

Krankenkasse	Pflegekasse	Privat zu tragen
Ärztlich verordnete Behandlungspflege	Zuschüsse zur Grundpflege	Wohnraum, weitere Grundpflege
	Zuschüsse zu hauswirtschaftlichen Leistungen	Weitere hauswirtschaftliche Leistungen
	Zuschuss Betreuungsleistungen	Weitere Betreuungsleistungen
	Pflegehilfsmittel (zum Beispiel Pflegebett)	Verpflegung
	Zuschuss zu Wohnraumanpassung	Alles andere

Dies gilt für alle Wohnvarianten der ambulanten Pflege, die wir in Kapitel 2 und 3 des Ratgeberteils detailliert besprochen haben.

Wohngemeinschaften

Für das Modell Pflege in der Wohngemeinschaft gilt im Grunde dasselbe Finanzierungsmodell wie für die ambulante Pflege. Was variiert, ist die Aufteilung der Rubrik »privat«.

Die privat finanzierten Kosten werden in den Wohngemeinschaften unterschiedlich aufgeteilt: Es gibt in der Regel eine Haushaltskasse, aus der Lebensmittel und andere Dinge des gemeinsamen Lebens bestritten werden. Die Vollzeitbetreuung neben den von der Pflegekasse bezuschussten individuellen Pflegezeiten wird ebenfalls privat finanziert und auf alle umgelegt.

Unterm Strich, alles zusammengerechnet, gestaltet sich das Wohnen in der Wohngemeinschaft oft teurer als in einem Pflegeheim bei gleicher Pflegestufe. Meist ist die Zahl der Bewohner der Gemeinschaft kleiner als in vergleichbaren Wohngruppen im Pflegeheim, deshalb werden die Mehrkosten aufgewogen durch die intensivere und damit persönlichere Betreuung.

Was kostet ein Pflegeheimplatz?

So wie der Pflegeheimvertrag verschiedene Posten umfasst, so wird auch die Rechnung aufgeschlüsselt. Hier sehen Sie auf einen Blick, wer was bezahlt:

Pflegekasse	Privat zu tragen
Allgemeine Pflegeleistung – Zuschuss je nach Pflegestufe	Allgemeine Pflegeleistung – Rest
	Hotelkosten (Grundmiete für Heim, Nebenkosten und Verpflegung)
	Investitionskosten (Kaltmiete des Zimmers)
	Zusatzleistungen

Die Preislisten der Pflegeheime schlüsseln die diversen Kategorien gesondert auf. Je nach Güte, Größe und Ausstattung des Heimes variieren die Hotel- und Investitionskosten sowie die für die Zusatzleistungen.

Bei einer Entscheidung für ein Pflegeheim sollten Sie auch mit einkalkulieren, dass sich im Laufe der Zeit, die Sie dort verbringen, Ihre Pflegestufe ändern kann. Das hat Auswirkungen auf Ihren Eigenanteil. Es wäre wünschenswert, dass man sich das Heim seiner Wahl auch im Falle der teuersten Pflegestufe leisten kann. Sonst muss man in Kauf nehmen, gerade dann, wenn man Hilfe und Pflege am nötigsten hat, in ein anderes, günstigeres Heim umzuziehen. Und das in einem Zustand, in dem man möglicherweise gar keine selbstbestimmte Entscheidung mehr treffen kann.

Dies kann geschehen, wenn die Leistungen der Sozialhilfe in Anspruch genommen werden müssen.

Und so sieht das konkret für den Geldbeutel aus:
Damit Sie eine Vorstellung von den konkreten Kosten erhalten, habe ich mir folgende Beispiele für die unterschiedlichen Varianten durchrechnen lassen, die wir bei uns in München angesiedelt haben. In anderen Städten und Bundesländern sind die Angebote und Preise sicherlich anders, die Grundstrukturen sind aber überall gleich und daher übertragbar.

Um zu verdeutlichen, wie unterschiedlich hoch die Kosten der Versorgung sein können und wie diese Kosten vom eigenen Versorgungsnetz und der Wohnsituation abhängen können, habe ich fünf verschiedene Beispiele zusammengestellt:

Fünf Wohnvariationen mit Herrn Sperling, Herrn Schwalbe, Herrn Fink, Frau Amsel und Frau Meise

Alle fünf Damen und Herren sind 83 Jahre alt. Sie sind eingeschränkt mobil und auf einen Rollator angewiesen. Außerdem benötigen sie alle Hilfe beim Aufstehen und Zubettgehen. Sie sind in Pflegestufe II eingestuft und leben allein. Die Kosten werden als monatliche Durchschnittsbeträge dargestellt.

Beispiel 1:
Allein Wohnen in Miete

Herr Sperling lebt allein in einer Mietwohnung, drei Zimmer, 60 Quadratmeter.

Zweimal täglich kommt ein Pflegedienst und hilft ihm morgens beim Aufstehen, Duschen und Anziehen sowie abends beim Zubettgehen. Frühstück und Abendbrot macht sich Herr Sperling selbst, Mittagessen wird durch einen Menüservice geliefert, danach legt sich Herr Sperling selbst auf das Sofa. Unter der Woche kommt nachmittags eine Bekannte und hilft ohne Bezahlung beim Aufstehen sowie beim Toilettengang. Sie übernimmt auch unentgeltlich die regelmäßigen kleinen hauswirtschaftlichen Arbeiten. Im Rahmen der Nachbarschaftshilfe macht sein Nachbar die regelmäßigen Einkäufe, ohne dies in Rechnung zu stellen. An den Wochenenden ist Herr Sperling von mittags bis abends immer bei seinem Sohn.

Kosten

Die Leistungen des Pflegedienstes betragen in diesem Fall 886,08 €, abzüglich der Pflegeversicherungsleistungen verbleibt ein Pflegegeld von 93,92 €.

Das Mittagessen an fünf Tagen kostet (pro Essen 6 €) im Monat 129 €. Für Frühstück und Abendbrot gibt Herr Sperling monatlich 150 € aus.

Die Miete beträgt inklusive Nebenkosten insgesamt 925 € im Monat.

Den wöchentlichen Hausputz übernimmt ein Haushaltsservice (200 € im Monat).

Beispiel 1:

Herr Sperling wohnt in einer Mietwohnung, 60 Quadratmeter

Pflegeleistungen durch Pflegedienst	886,08 €
abzüglich Pflegeversicherungsleistungen	980,00 €
verbleibendes Pflegegeld	- 93,92 €
Mittagessen (Menüdienst)	129,00 €
Andere Mahlzeiten	150,00 €
Wohnungskosten insgesamt	925,00 €
Hauswirtschaft und Hausmeisterservice	200,00 €
Privat zu bezahlen gesamt	**1310,08 €**

Die Gesamtkosten sind so niedrig, weil Herr Sperling auf ein funktionierendes Netz an Kontakten (Bekannte und Sohn) zurückgreifen kann, sodass er nicht alle Leistungen, die er benötigt, bezahlen muss.

Beispiel 2:

Allein Wohnen im eigenen Reihenhaus

Herr Schwalbe, 83 Jahre, Pflegestufe II, auf den Rollator angewiesen, lebt schon seit 40 Jahren in seinem Reihenhaus. In den letzten Jahren hat er es baulich auf seine Bedürfnisse anpassen lassen.

Zweimal täglich kommt ein Pflegedienst und hilft ihm morgens beim Aufstehen, Anziehen und beim Duschen sowie abends beim Zubettgehen. Frühstück und Abendbrot macht Herr Schwalbe sich selbst, das Mittagessen wird über einen Menüservice geliefert, danach legt sich Herr Schwalbe selbst auf das Sofa. In der Woche kommt nachmittags eine Bekannte und hilft unentgeltlich beim Aufstehen sowie beim Toilettengang. Die regelmäßige Hausarbeit sowie die Gartenarbeiten inklusive Schneedienste und der wöchentliche Hausputz werden von einem Hausmeisterdienst übernommen. Sein Nachbar übernimmt ohne Bezahlung die regelmäßigen Einkäufe, am Wochenende ist Herr Schwalbe von mittags bis abends immer bei seinem Sohn.

Kosten

Die Leistungen des Pflegedienstes kosten in diesem Fall 886,08 €, abzüglich der Pflegeversicherungsleistungen verbleibt ein Pflegegeld von 93,92 €.

Das Mittagessen an fünf Tagen kostet (pro Essen 6 €) im Monat durchschnittlich 129 €.

Für Frühstück und Abendbrot gibt Herr Schwalbe monatlich 150 € aus.

Seine Hauskosten belaufen sich inklusive der Nebenkosten und Rückstellung für Reparaturen auf insgesamt 375 € im Monat.

Den wöchentlichen Hausputz übernimmt ein Haushaltsservice (350 € im Monat).

Beispiel 2:
Herr Schwalbe wohnt im eigenen Reihenhaus

Pflegeleistungen durch Pflegedienst	886,08 €
abzüglich Pflegeversicherungsleistungen	980,00 €
verbleibendes Pflegegeld	- 93,92 €
Mittagessen (Menüdienst)	129,00 €
Andere Mahlzeiten	150,00 €
Wohnungskosten insgesamt	375,00 €
Hauswirtschaft und Hausmeisterservice	350,00 €
Privat zu bezahlen gesamt	**910,08 €**

Die Gesamtkosten sind so niedrig, weil Herr Schwalbe auf ein funktionierendes Netz an Kontakten (Bekannte und Sohn) zurückgreifen kann, sodass er nicht alle Leistungen, die er benötigt, bezahlen muss.

Außerdem sind die Wohnungskosten im Verhältnis niedrig, denn beim Eigentum fallen lediglich Neben- und Reparaturkosten an.

Würde Herr Schwalbe in eine andere Wohnform einziehen (Beispiele 3 bis 5), könnte er zur Finanzierung der Kosten auf Mieteinnahmen aus seinem Eigentum zurückgreifen. Dies wäre selbst dann sinnvoll, wenn die eigenen Kinder in das Haus einziehen, das sie später erben sollen.

Beispiel 3:
Wohnen im Betreuten Wohnen
Herr Fink, 83 Jahre, Pflegestufe II, dieselben altersbedingten Einschränkungen, zieht in eine Wohnung innerhalb des Betreu-

ten Wohnen ein. Er möchte alle notwendigen Hilfen unabhängig von seiner Familie und seinen Bekannten organisieren.

Der Pflegedienst kommt bei ihm deshalb dreimal am Tag. Er hilft ihm morgens beim Aufstehen, Anziehen und Duschen sowie abends beim Zubettgehen. Frühstück und Abendbrot macht Herr Fink sich selbst, Mittagessen wird über einen Menüservice geliefert, danach legt sich Herr Fink selbst auf das Sofa. Nachmittags kommt der Pflegedienst und hilft beim Aufstehen sowie beim Toilettengang. Die Hauswirtschaft inklusive Einkaufen übernimmt ein anderer Dienstleister.

Seine Bekannte und sein Sohn besuchen ihn, aber sie müssen keine konkreten Dienstleistungen für ihn erbringen.

Kosten

Die Leistungen des Pflegedienstes kosten in diesem Fall 1363,79 €, wovon die Pflegekasse 980 € finanziert.

Den Rest der Pflegeleistungen bezahlt Herr Fink privat.

Für das Essen gibt er insgesamt 330 € aus.

Die Wohnung im Betreuten Wohnen hat zwei Zimmer und insgesamt 47 Quadratmeter. Sie kostet inklusive Nebenkosten sowie der Grundleistungen (Notruf, Pflegedienst im Haus, Beratung) 980 €.

Den wöchentlichen Hausputz sowie das Einkaufen übernimmt ein Haushaltsservice (258 € im Monat).

Beispiel 3:
Herr Fink zieht in ein Betreutes Wohnen, 47 Quadratmeter

Pflegeleistungen durch Pflegedienst	1363,79 €
abzüglich Pflegeversicherungsleistungen	980,00 €
verbleibender Eigenanteil	383,97 €
Mittagessen im Wohncafé	180,00 €
Andere Mahlzeiten	150,00 €
Wohnungskosten und Grundpauschale (Hausnotruf, Pflegedienst im Haus, Beratung)	980,00 €
Hauswirtschaft und Hausmeisterservice	258,00 €
Privat zu bezahlen gesamt	**1951,79 €**

Beispiel 4
Wohnen im Wohnstift

Frau Amsel, die ebenfalls 83 Jahre alt und in Pflegestufe II eingeteilt ist und dieselben altersbedingten Einschränkungen hat, zieht in ein Appartement in einem Wohnstift und organisiert ihre notwendigen Hilfen unabhängig von der Familie und von Bekannten.

Der Pflegedienst kommt bei ihr dreimal am Tag. Er hilft ihr morgens beim Aufstehen, beim Duschen und Anziehen sowie abends beim Zubettgehen. Frühstück und Abendbrot macht sich Frau Amsel selbst. Das Mittagessen nimmt Frau Amsel im Restaurant des Wohnstiftes ein, danach legt sie sich selbst auf das Sofa. Nachmittags kommt der Pflegedienst und hilft beim Aufstehen sowie beim Toilettengang. Das Einkaufen übernimmt der Hauswirtschaftsservice.

Ihre Bekannte und ihr Sohn besuchen Frau Amsel, aber sie müssen keine konkreten Dienstleistungen erbringen.

Kosten

Die Leistungen des Pflegedienstes kosten in diesem Fall 1363,79 €, wovon die Pflegekasse 980 € finanziert. Den Rest der Pflegeleistungen bezahlt Frau Amsel privat.

Für das Essen (Frühstück und Abendbrot) gibt sie 150 € aus.

Das Appartement im Wohnstift hat zwei Zimmer und insgesamt 45 Quadratmeter. Es kostet inklusive Nebenkosten, Mittagessen im Restaurant, wöchentlicher Reinigung, 24-Stunden-Rezeption, eines umfangreichen Kulturangebots und Beratung sowie der kostenfreien Versorgung bei vorübergehender Krankheit 1885,75 €.

Das Einkaufen über den Haushaltsservice kostet 120 € im Monat.

Beispiel 4:
Frau Amsel zieht in ein Wohnstift, 45 Quadratmeter

Pflegeleistungen durch Pflegedienst	1363,79 €
abzüglich Pflegeversicherungsleistungen	980,00 €
verbleibender Eigenanteil	383,79 €
Wohnungskosten inkl. Mittagessen im Restaurant, wöchentl. Reinigung, 24-h-Rezeption, Kulturangebot und Beratung	1885,75 €
Andere Mahlzeiten	150,00 €
Hauswirtschaft: vor allem Einkaufen	120,00 €
Privat zu bezahlen gesamt	**2539,54 €**

Herr Sperling, Herr Specht, Herr Fink und Frau Amsel leben in der eigenen Wohnung. Die Pflege- und Dienstleistungen, die sie wünschen, können sie sich selbstständig wählen und »einkaufen«. Sie können auch jederzeit den Pflegedienst oder den Dienstleister wechseln.

Im nächsten und letzten Beispiel verhält es sich anders. Im Pflegeheim ist die Vermietung des Zimmers unmittelbar mit Pflegeleistungen verbunden. Frau Meise kann daher weniger selbst bestimmen als ihre in der eigenen Wohnung lebenden Altersgenossen.

Beispiel 5:
Leben im Pflegeheim

Frau Meise, ebenfalls 83 Jahre alt, Pflegestufe II und mit denselben altersbedingten Einschränkungen lebend wie die Herren Sperling, Specht, Fink und Frau Amsel, zieht in ein Pflegeheim ein. Hier erhält sie alle notwendigen grundpflegerischen und hauswirtschaftlichen Leistungen. Sie bewohnt ein Einzelzimmer mit eigener Dusche (insgesamt 19 Quadratmeter).

Kosten

Die pflegebedingten Aufwendungen betragen bei Frau Meise 2064 €. Davon übernimmt die Pflegekasse 1279 €. Es verbleibt ein Eigenanteil von 785 € für die pflegerische Versorgung.

Die Hotelkosten umfassen die Verpflegung, hauswirtschaftliche Versorgung sowie Teile der Warmmiete und betragen 610,50 €.

Die Investitionskosten (entspricht der Kaltmiete) betragen 426,30 €. Dazu kommen weitere Kosten für Zusatzleistungen wie Telefon von 50 €.

Beispiel 5:
Frau Meise zieht in ein Pflegeheim, Einzelzimmer

Pflegebedingte Aufwendungen	2064,00 €
abzüglich Pflegeversicherungsleistungen	1279,00 €
Eigenanteil	785,00 €
Hotelkosten (Unterkunft und Verpflegung)	610,50 €
Investitionskosten (Kaltmiete)	426,30 €
Zusatzleistungen (wie Telefon etc.)	50,00 €
Privat zu bezahlen gesamt	**1871,80 €**

Ich hoffe, mit diesen Informationen können Sie sich jetzt ein besseres Bild darüber machen, was die unterschiedlichen Lösungen in Ihrem konkreten Fall kosten würden. Sie sehen, es gibt zahlreiche Varianten, und nur wenn wir uns mit ihnen auseinandersetzen, wird uns die Vielfalt der Möglichkeiten bewusst.

Sollten Ihnen die zugegebenermaßen komplexen Rechnungen zu verwirrend erscheinen, dann lassen Sie sich einfach helfen. Wo Sie Hilfe und Beratung erhalten, das zeigen Ihnen die folgenden Tipps, Adressen und Internetseiten.

Ich wünsche Ihnen bei Ihrer Entscheidung Mut und Entschlusskraft, damit Sie, wie mein Mann und ich, Ihre letzten Jahre in Ruhe genießen können.

KAPITEL 6

Auf einen Blick – Tipps, Internetseiten und ausgewählte Literatur

Lokale Ansprechpartner

- In der Stadt- oder Kreisverwaltung gibt es immer Ansprechpartner für Fragen rund um das Leben im Alter, die auch auf weitere Kontakte und Adressen verweisen können. In der Regel findet man schon auf den jeweiligen Internetseiten weitere Informationen.
- Die eigene Pflegekasse (identisch mit der Krankenkasse) ist zur Beratung verpflichtet und hat dafür spezielle Pflegeberater. Auch diese kennen die lokalen Adressen und Spezialisten.
- Alle Pflegedienste beraten rund um das Leben im Alter, auf Wunsch können sie auch weitergehende Hilfen wie zum Beispiel Mahlzeitendienste und Hauswirtschaft vermitteln oder bieten diese selbst an.

Pflegedienstsuche
www.aok-pflegedienstnavigator.de
www.bkk-pflege.de/Paula/

Pflegeheimsuche
www.aok-pflegeheimnavigator.de
www.bkk-pflege.de/Paula/

Weitere Internetadressen
Über die Internet-Suchmaschinen kann vieles gefunden werden. Einige zentrale Adressen seien hier aufgeführt:

www.bmg.bund.de: dort den Bereich »Pflege« wählen: allgemeine Informationen rund um die Pflegeversicherung und deren Entwicklung

www.deutsche-alzheimer.de: Selbsthilfeorganisation mit vielen Hinweisen, Informationsmaterialien

www.wohnenzuhause.de: Bayerische Koordinierungsstelle Wohnen zu Hause; enthält viele Hinweise und Tipps, die auch außerhalb Bayerns hilfreich sind

www.fgwa.de: Homepage des Forums Gemeinschaftliches Wohnen e.V. Bundesvereinigung: Beratung, Informationen und Vernetzung von gemeinschaftlichen Wohnprojekten

http://www.nullbarriere.de: Homepage zum Themenbereich barrierefreies Bauen mit vielen Hinweisen und Herstellerverzeichnissen

Ausgewählte Literatur

Heiber, Andreas: Die neue Pflegeversicherung (stern Ratgeber): ein kompletter Überblick über die Einstufung und die Leistungen der Pflegeversicherung

Verbraucherzentrale: Ambulante Pflegedienste: Die beste Pflege für zu Hause finden: ein Überblick zur Finanzierung und zur Auswahl eines Pflegedienstes, allerdings noch nicht mit allen Leistungsverbesserungen der Pflegeversicherung seit Juli 2008

Kränzle, Schmid und Seeger: Palliative Care, Handbuch für Pflege und Begleitung: wertvolle Informationen über alle Fragen in Zusammenhang mit Schmerzpatienten, Vorbereitung aufs Sterben und Sterbebegleitung, ambulant und stationär, Bestattung. Enthält außerdem nützliche Beispielformulare für Generalvollmacht, Patientenverfügungen und Pflegeverfügung

Danksagung

Dieses Buch wäre ohne die Anregung und freundliche Ermutigung von Christine Proske und den harmonischen Austausch mit Beate Rygiert und ihre gründlichen Recherchen nicht zustande gekommen. Die Zusammenarbeit mit beiden war für mich Gewinn und hat mir Freude gemacht. Danken möchte ich auch dem Verleger Jürgen Horbach für sein großzügiges Vertrauen und nicht zuletzt meinem Mann für sein geduldiges Interesse und manchen fachlichen Hinweis.